EMPREENDEDORISMO CRIATIVO

PORTFOLIO
PENGUIN

EMPRE
ENDE

Mariana Castro

DORIS
MO
CRIA
TIVO

Como a nova geração
de empreendedores brasileiros
está revolucionando
a forma de pensar conhecimento,
criatividade e inovação

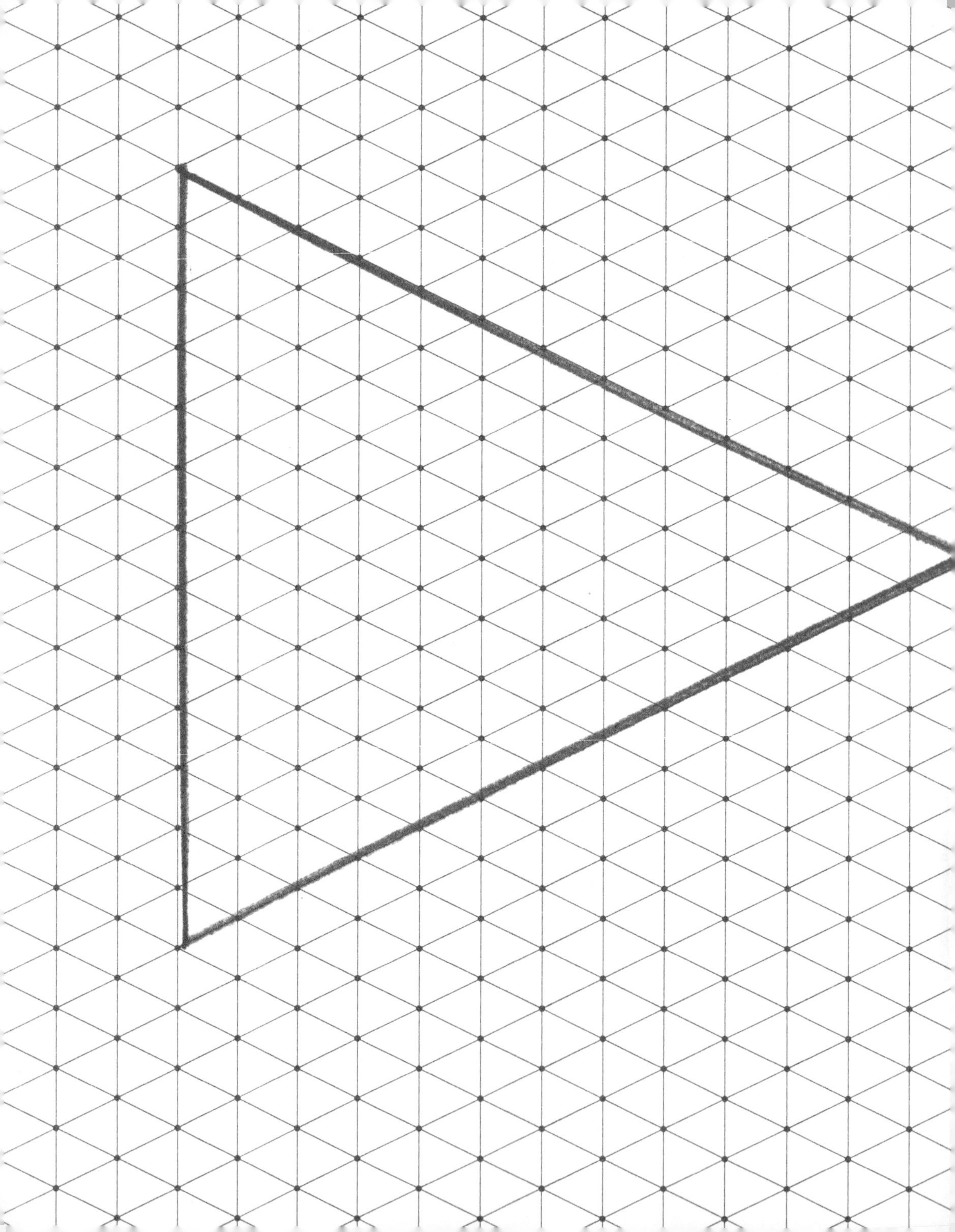

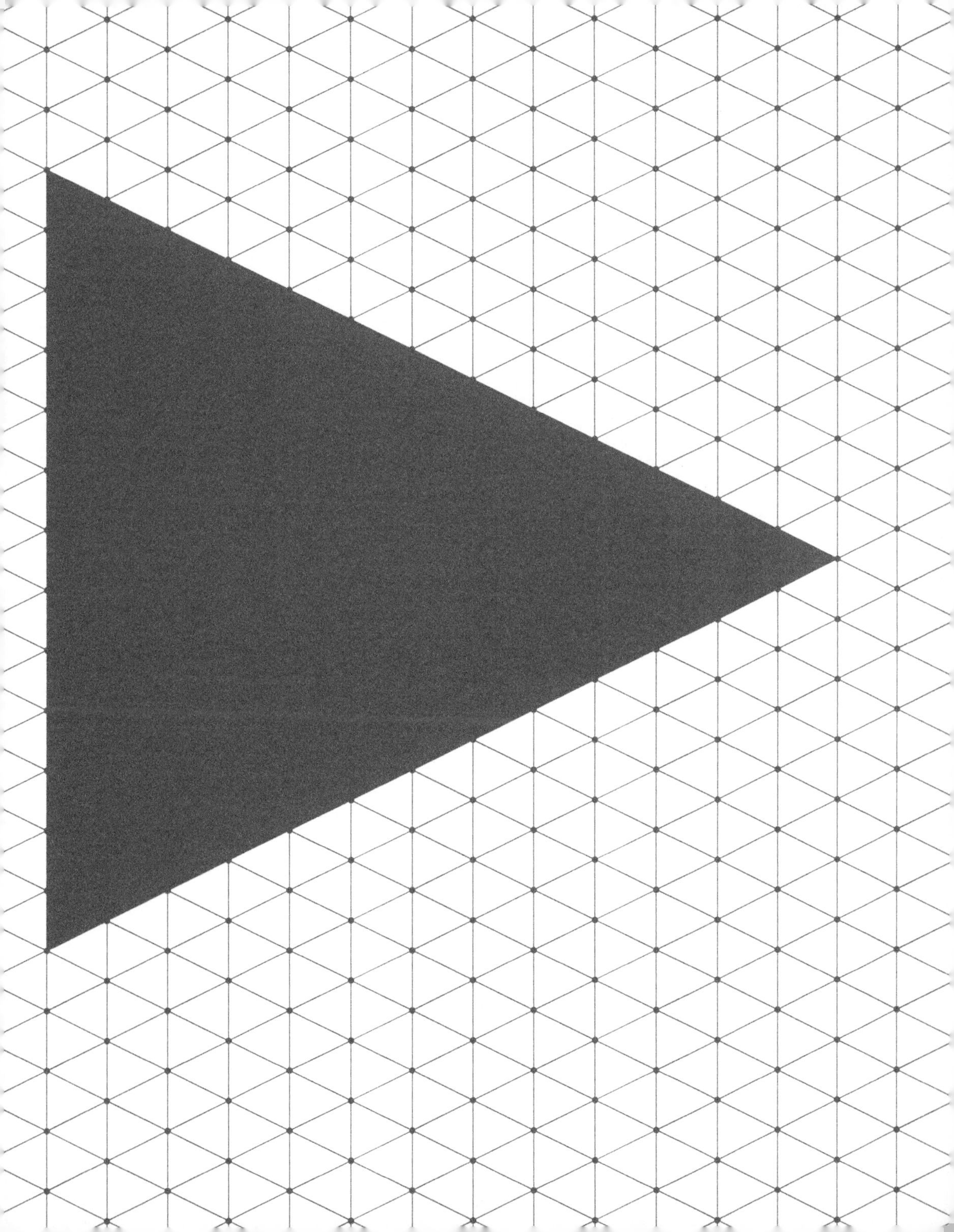

INTRODUÇÃO

A proposta partiu de Matinas Suzuki Jr., publisher da Portfolio-Penguin, selo editorial da Companhia das Letras. A ideia era publicar um livro sobre inovação e criatividade, sobre quais eram e o que estavam fazendo as jovens e promissoras empresas brasileiras, e os talentos por trás de cada uma delas.

Depois de mais de dez anos trabalhando com jornalismo on-line e de ter feito parte, junto com uma equipe liderada por Matinas, do que hoje chamamos de a primeira start-up de conteúdo do país (quando o termo start-up ainda nem era usado), eu estava de mudança. Havia resolvido largar o emprego como editora-executiva para "abrir janelas" e deixar entrar o novo. E pesquisava exatamente sobre o assunto.

Criatividade e inovação são temas bem abrangentes. Com jeitinho, tudo cabe nessa seara. Decidi então mergulhar na pesquisa estabelecendo alguns critérios. Em primeiro lugar, não incluiria start-ups de tecnologia na lista. Essa categoria, sozinha, daria outro livro. Também ficaram de fora ONGs e empreendedores sociais. Há boas e inovadoras iniciativas no Brasil, assim como algumas na área de economia criativa. Quem sabe cada um dos temas dê origem a outros livros.

As que ficaram foram empresas que estão inventando novos produtos e serviços ou reinventando alguns produtos e serviços da maneira como os conhecemos. É o caso da Mesa & Cadeira, que transformou a experiência de um workshop. Ou a Inesplorato, que criou uma nova profissão, os curadores de conhecimento.

Também foi levada em conta a forma como essas empresas se estruturam e se organizam. Elas são inovadoras, originais ou diferentes seja no jeito como remuneram e contratam seus funcionários, no seu modelo de negócio, no que desejam, no que consideram ser bem-sucedidas, seja nas práticas que adotam.

No Catarse, por exemplo, a remuneração dos sócios vai de acordo com a necessidade de cada um. E mesmo antes de terem lançado no Brasil uma plataforma de financiamento coletivo, divulgaram a ideia na rede e, mais tarde, abriram seu código de programação. Na Perestroika, em que a política dominante é a do ganha-ganha, cada curso criativo vem de uma composição societária própria.

Muito antes dos protestos que tomaram as ruas do país no meio de 2013, a Webcitizen já havia identificado a falta de representatividade política como um grande problema, não só no Brasil, mas no mundo. Tanto que fez disso seu principal negócio.

No caso da Cria, a escolha dos projetos com os quais vai trabalhar é muito clara: eles precisam ser de valor compartilhado, ou seja, deixar algum legado positivo para o planeta. Na mesma categoria está a Mandalah, que, com seu discurso meio hippie, transformou-se em referência de inovação ao lidar com o universo corporativo pregando o cuidado com as pessoas, a sociedade e com o mundo em que vivemos.

A mais antiga de todas elas, quem diria, é a Box 1824. Dez anos depois de seu lançamento, provou ter bem mais do que profissionais descolados e a fama de *cool*. Continua sendo um exemplo em inovação e ainda surpreende: abriu, entre outras empresas, uma de recursos humanos — em que usa a mesma metodologia que a consagrou na área de pesquisa para encontrar novos talentos e posicioná-los no mercado de trabalho. Por fim, a Flag, que com seu jeito hacker de operar, usando o sistema para depois modificá-lo, está de olho em empreendedores criativos e ferramentas tecnológicas para criar uma holding do futuro.

Não deixa de ser curioso que os serviços oferecidos por essas empresas estejam despertando a atenção das mesmas marcas. Elas têm entre os clientes a Natura, a Coca-Cola, a Nike, o Google... É como se as grandes corporações estivessem terceirizando a inteligência da inovação para empresas que propagam valores bem diferentes dos seus.

Outra constatação foi a de que, mais de vinte entrevistados

depois, e quase o triplo de entrevistas, acabei me deparando com um núcleo criativo — de São Paulo, Rio de Janeiro, Minas e Rio Grande do Sul —, em que seus integrantes, na maioria dos casos, se conhecem, se relacionam, compartilham ideias e projetos e têm traços em comum. Além de revolucionar as relações entre pessoas e trabalho e de derreter formas convencionais de estruturar uma empresa, eles estão criando para si um tipo de negócio ideal (ou algo muito próximo a isso).

Parecem estar em busca de um trabalho que dê sentido para a vida. Que tem a ver com propósito. Em que podem construir relações com pessoas pelas quais se interessam e admiram. Por isso trocam cargo e estabilidade por motivação, prazer e diversão. Sem jamais abrir mão de reconhecimento. Seus fundadores fazem parte de uma geração que surgiu depois da revolução digital, que tem acesso a um volume enorme de informação, além de ferramentas que possibilitam construir o que desejam. É a geração para a qual tudo é possível. Não faltam conteúdo e instrumentos para construir o que se quer. Sabem usar o conceito de rede tanto para pesquisar assuntos pelos quais se interessam e trocar informações, como para divulgar novas ideias e novos negócios. Também usam a rede para atrair projetos dos quais querem fazer parte e para montar equipes multidisciplinares para trabalhar em cada um deles.

Beneficiam-se do conceito de *open source* e retribuem o uso que fazem dele, abrindo códigos, processos, resultados e metodologias para quem quiser ver. São bons em curadoria, em organizar o que está disponível e usar muito bem as mais diversas linguagens. Estão sempre em busca de descobertas e do que há de novo. Sabem que em um mundo onde não faltam boas ideias, não basta ser criativo. Conta a capacidade de execução. É preciso saber transformar uma boa ideia em realidade, em algo palpável, tangível.

Tenho certeza de que há outros empreendedores criativos espalhados pelo país. Mas a ideia é de que este livro seja um projeto vivo, que não acabe na última página, ao estimular outras empresas e pessoas que contribuem para a construção de um lugar mais criativo.

Depois de começar a escrever o livro, bateu uma angústia: eu queria contar quase que em tempo real o que essas empresas e seus idealizadores estavam fazendo. É o mal de quem está acostumado a publicar informações no momento em que elas acontecem. Mas não era só isso. Seria possível publicar um livro cujas informações mudam tão rapidamente, pela própria natureza do assunto?

Essas empresas se reinventam, adotam diferentes formas de se estruturar, ganham novos sócios, passam a ter outros desejos e aspirações em ritmo acelerado. E seu maior risco seria justamente deixar de se transformar. Provavelmente, quando este livro for publicado já haverá outras boas histórias sobre seus protagonistas. Mas o que me fez vencer a angústia foi pensar que, apesar disso, ele pode ajudar a revelar um movimento interessante, que está acontecendo e sendo pouco divulgado, sobre como a nova geração de empreendedores criativos está revolucionando a forma de pensar conhecimento, criatividade e inovação.

INESPLO

NOME INESPLORATO
O QUE É CURADORIA DE CONHECIMENTO
FUNDAÇÃO JANEIRO DE 2010
SÓCIOS DÉBORA EMM, ROBERTO MEIRELLES E CARLOS ALBERTO MARTINEZ
PROPÓSITO FAZER COM QUE A HUMANIDADE EVOLUA POR MEIO DO CONHECIMENTO

DESBRAVADORES DE CONHECIMENTO Imagine uma empresa em que as pessoas são pagas para ir ao cinema, assistir a peças de teatro, ver shows e exposições. Recebem ainda uma verba extra para comprar CDs e livros. Um dia por semana, trabalham em casa para ter mais tempo de ler, estudar ou simplesmente navegar pela internet. A carga horária não costuma passar das oito horas por dia e não se trabalha aos finais de semana.

Um lugar em que a reunião semanal da equipe, toda segunda-feira, chama-se confraria, já que tem cara de encontro entre amigos. Cada um leva algum conteúdo interessante para ser discutido. Pode ser o trecho de um documentário, um site recém-descoberto, o CD de uma nova banda, uma crônica.

De tempos em tempos, todos viajam para a Europa ou para os Estados Unidos pela empresa para manter a cabeça atualizada e buscar novas referências. Lugar em que não há estrutura hierárquica. Ninguém manda em ninguém. Qualquer um pode dar "pitaco" em todos os projetos.

Há uma organização por núcleos, que são monitorados pelos sócios. Um dos núcleos cuida de assuntos ligados ao desenvolvimento individual e o outro, do desenvolvimento coletivo. Existe ainda um rodízio entre a equipe. Cada um fica na mesma função por apenas dois meses e depois muda de área. A ideia é que todos desenvolvam novas habilidades e cresçam profissionalmente.

Tudo isso acontece em um simpático sobrado com quintal, salas amplas e uma cozinha bem equipada, onde muitas vezes se prepara a comida para o almoço, em uma rua tranquila da Vila Mariana, zona sul de São Paulo.

Imaginou? Assim é o dia a dia da Inesplorato, que significa desconhecido em italiano, empresa que inventou uma nova profissão registrada na carteira de trabalho de cada um de seus dezesseis funcionários: curadores de conhecimento.

Quem juntou as duas palavras para dar vida à empresa foi Débora Emm. Em 2009, depois de viajar por três meses pela Europa, pedir demissão e passar dias em casa dando forma às ideias que a inquietavam, Débora resolveu estudar como havia surgido a figura do curador de arte.

A jovem de fala rápida e atitudes determinadas, com leve sotaque arrastado de quem nasceu em Ribeirão Preto, interior de São Paulo, conta ter pesquisado que o curador apareceu na época em que o artista deixou de seguir regras que pautavam o mercado e passou a produzir de forma subjetiva. Quando a compreensão da arte se tornou mais complexa, algumas pessoas com capacidade de entender as propostas dos artistas e explicá-las ao público ganharam o papel de curadores. Essas pessoas curavam a incapacidade de entender a arte.

Débora enxergou uma semelhança entre a época do surgimento dos curadores de arte, na segunda metade do século XX, e a atual. Para ela, a transição de agora é termos passado de um momento em que éramos capazes de lidar com o conteúdo disponível para um momento em que não damos mais conta, pelo enorme volume e fácil acesso.

Daí veio a ideia de abrir uma empresa com profissionais cujo objetivo é cuidar da incapacidade do interlocutor de lidar com tanta informação, já que quanto mais conteúdo se tem, o mundo parece ficar mais complexo. Débora e os curadores da Inesplorato procuram transformar informação em conhecimento.

Para conseguir realizar a difícil missão, eles mergulham em pesquisas, teses e estudos de comportamento. É por isso que estão sempre lendo, assistindo a filmes, descobrindo conteúdos.

Dedicam-se a cruzar dados para diagnosticar anseios de pessoas e empresas, e a ajudá-las a encontrar caminhos para se relacionar melhor com qualquer tipo de informação. O grande diferencial é ser expert em diagnóstico: saber identificar uma necessidade de conhecimento e encontrar a manifestação certa para aquela demanda. Além disso, entregá-la de um jeito que não seja chato de consumir. Muito pelo contrário.

CURADORIA DIRECIONADA Sabe quando alguém escolhe o presente certo para você? Aquele livro ou filme que te proporciona uma experiência marcante, reveladora, perfeito para seu momento de vida? Suponha receber vários desses conteúdos de uma só vez, de maneira agradável e lúdica, dentro de uma caixa de madeira toda pensada exclusivamente para você. Esse é um dos principais produtos do núcleo de desenvolvimento individual da Inesplorato, o que chamam de caixas direcionadas.

A organização do conteúdo em caixas tem origem na história familiar de Débora. Sua mãe é artesã. É ela quem faz as caixas que são entregues pela Inesplorato. Desde a infância, Débora viu tudo ser organizado em caixas feitas a mão, dentro de casa.

Funciona assim: quem vai receber a caixa passa por uma entrevista de cerca de duas horas com alguns dos curadores da empresa. Fala sobre onde nasceu, cresceu, como foi a infância, quais matérias gostava na escola, quem são os pais, a escolha da faculdade até seu momento de vida atual, seus interesses, sonhos, o que tem vontade de fazer.

O bate-papo serve para a Inesplorato montar um plano de curadoria. Segundo a idealizadora da caixa, o diagnóstico consiste em identificar "o que aquela pessoa sabe que sabe, o que ela sabe que não sabe, o que ela não sabe que sabe e o que não sabe que não sabe". Com isso, a proposta é colocar quem recebe a caixa em contato com universos até então desconhecidos e descobrir conhecimentos que já estavam ali, adormecidos, e potencializá-los.

Quarenta e cinco dias, e algumas trocas de e-mail depois da entrevista, a Inesplorato entrega a caixa ao cliente. Dentro dela, livros, filmes, CDs, um documentário, um texto, um convite ao estudo de um movimento — como o modernista, por exemplo — ou até um cartão de visita.

Junto com o conteúdo, recados em Post-it coloridos conduzem a forma como tudo aquilo deve ser consumido: a leitura de um capítulo deve ser acompanhada por determinada música, para depois partir para o trecho de um filme e assim por diante. Nos Post-it também são feitos comentários: "Fonte de inspiração", ou "Leia devagar, se conseguir". Uma experiência totalmente analógica e nada virtual.

Para quem recebe, a experiência remete à sensação de ganhar um presente. (Não à toa, logo que foi lançada a caixa direcionada passou a ser procurada por clientes que gostariam de presentear outras pessoas com o produto.) Existe uma expectativa em relação ao que está ali dentro, ao abrir a tampa e descobrir, a mexer em cada um dos itens. Tudo é pensado para proporcionar uma experiência tangível.

Ao final da entrega, a equipe da Inesplorato passa uma "missão" ao cliente. Se a caixa trata da vontade de empreender, por exemplo, a missão pode ser a criação de um novo modelo de negócio. As missões foram acrescentadas ao ritual da entrega para explicitar o tema tratado a partir das informações trazidas pelo cliente e estimulá-lo no desenvolvimento prático de algo relacionado àquilo.

O trabalho dos curadores é pensar quais universos de conhecimento oferecer, para ajudar o cliente a, de alguma forma, desenvolver-se. Esse, aliás, é o mantra da empresa: fazer com que a humanidade evolua por meio do conhecimento.

O perfil de quem compra o produto varia. Vai da dona de casa ao estudante, passando por profissionais experientes de diferentes áreas e gente interessada em autoconhecimento. Por conta dessa diversidade, a empresa acabou montando uma rede de contatos e resolveu integrá-la no que chama de "confrarias de conhecimento". A proposta surgiu por causa dos cartões de visitas que às vezes vão parar dentro das caixas direcionadas e passaram a funcionar como uma rede de relacionamento.

A partir de um assunto escolhido pelos curadores, um grupo formado por doze pessoas de diferentes profissões — há designer, arquiteto, jornalista, advogado, engenheiro e economista — é convidado a participar de uma discussão. "O Futuro de dez anos atrás" foi o tema inaugural das confrarias. No convite, uma ideia do que estaria em pauta: "O que você não sabe sobre aquilo que está cansado de saber".

Além das confrarias de conhecimento, outro produto saiu de dentro das caixas. O material pesquisado que não é usado em nenhuma curadoria direcionada pode ter outro destino. Eles dão origem às "caixas de acervo", com edições limitadas. Tratam de temas específicos, como vinho e música, um guia com o que você não pode perder na cidade de Berlim ou empreendedorismo.

CURADORIAS TEMÁTICAS Outra vertente da Inesplorato é o trabalho realizado com empresas. Globo, Pão de Açúcar, Melitta, Whirpool, Boticário e Unilever estão entre elas. São as curadorias temáticas, ou os estudos sobre "Infelicidade Feminina", "Infelicidade Masculina", "Culturas Brasileiras", "Joviologia", "Jovens Senhores" e "{A} Sós".

A forma como a Inesplorato trabalha com empresas nasceu a partir de angústias acumuladas por Débora na época em que ainda era funcionária e trabalhava com pesquisa em uma agência produtora de insights, a Voltage.

Para entender como nasceu o núcleo de desenvolvimento coletivo da Inesplorato é preciso contextualizar a situação do mercado de pesquisa. A Box 1824, empresa criada há cerca de dez anos, promoveu uma grande mudança na metodologia e no processo de obtenção de informação para responder perguntas de empresas sobre tendências, comportamento do consumidor e posicionamento de marca. A empresa foi pioneira em rever modelos tradicionais como *focus groups*, técnica em que um mediador promove discussões em grupo sobre determinado assunto. Muitas vezes o grupo é monitorado por observadores que ficam atrás de um espelho. Baseada na metodologia de ir a campo e ouvir jovens de dezoito a 24 anos, a Box revolucionou a forma de produzir e entregar o conteúdo de uma pesquisa.

Outras empresas surgiram depois e passaram a atuar nesse mesmo segmento, produzindo pesquisas menos tradicionais. Foi o caso da Voltage, onde Débora trabalhou por quatro anos.

Para ela, depois da mudança no método, era preciso revolucionar o processo da demanda. Ou seja, a pesquisa encomendada não podia partir de uma pergunta equivocada. Por exemplo: uma marca pede uma pesquisa para desenvolver uma campanha publicitária. Para isso, parte da pergunta: "Que emoção o consumidor sente ao comprar uma sopa no supermercado?". A resposta honesta deveria ser: "Nenhuma". No entanto, não é difícil supor que muitos institutos não só saiam atrás da resposta, como a encontrem. Resposta que servirá de base para aquele comercial que você vai assistir na TV durante o intervalo da novela.

Débora batizou o problema de "crise da demanda equivocada", teoria que pretende transformar em livro. Além da crise da demanda equivocada, outra percepção era de que as empresas trabalhavam em cima de números e dados antes de entender o porquê. Uma informação como "90% das mulheres só se sentem bonitas quando amadas" pode ser o ponto de partida na estratégia de lançamento de um produto sem que alguém tenha se questionado sobre ela.

Débora também ficava incomodada com os prazos apertados para elaboração de uma boa pesquisa e com o não aproveitamento do conteúdo já disponível para explorar determinado tema: estudos, teses acadêmicas, documentos, vídeos, livros.

Para acabar com essas angústias é que ela, ao se tornar empreendedora, inventou as curadorias temáticas, cujo processo de criação inverte a lógica do mercado.

COMO VIROU REALIDADE

O principal produto do núcleo de desenvolvimento individual da Inesplorato também nasceu de uma percepção de Débora. Alguns de seus clientes na Voltage a procuravam pedindo dicas sobre como estudar algum assunto que havia aparecido durante apresentações que ela fazia nas empresas. Foi o que aconteceu após uma palestra a um grupo de funcionários da Telefonica.

Ela recebeu um e-mail pelo endereço pessoal de um funcionário que queria mais informações sobre sociologia e sobre como incorporar esse conhecimento ao seu dia a dia. O funcionário manifestava a vontade de explorar mais o tema, mas não sabia por onde começar.

Ele havia lido Zygmunt Bauman, sociólogo polonês autor de livros como *O mal-estar da pós-modernidade* (Zahar, 1998), *Amor líquido* (Zahar, 2004) e *Vidas desperdiçadas* (Zahar, 2005), entre outros, e achado difícil. Apesar do Google, das redes sociais e de todas as ferramentas disponíveis para encontrar respostas, ele estava perdido.

O enorme volume de informações sobre sociologia e o fácil acesso a elas não resolviam seu problema. O pedido de ajuda por e-mail deixava explícita a sensação de que havia demanda por orientação e organização das informações, o que viria a ser o trabalho dos curadores de conhecimento.

ERROS E ACERTOS Antes de descobrir, enfim, o que seria seu próprio negócio, Débora já sabia que seria uma empreendedora — embora seu grande sonho, desde criancinha, seja mesmo tornar-se presidente do Brasil.

Formada em ciências sociais pela Universidade de São Paulo, a USP, e em publicidade pela Escola Superior de Propaganda e Marketing, a ESPM, ela encontrou na agência de pesquisa Voltage uma forma de conciliar as duas formações. Trabalhava como pesquisadora em um lugar que tinha grandes marcas como clientes. Débora possuía um olhar apurado sobre o comportamento humano, mas também entendia sobre as necessidades das empresas.

Quando foi contratada, a agência passava por um momento crítico. Boa parte de seus funcionários havia saído de lá para montar um novo negócio, a Mandalah, considerada hoje uma das empresas mais criativas do Brasil. A futura empreendedora viu ali uma oportunidade de crescimento. Em seis meses passou de estagiária a responsável por projetos de grande porte para clientes como Unilever. Além de muita autonomia, circulava por diferentes áreas e abraçava tarefas que iam de vender pesquisa a montar equipe.

A passagem pela Voltage foi um importante processo de aprendizado, inclusive sobre a forma de gerenciar uma empresa, o que fazer e o que não fazer. Atenta e determinada, no primeiro mês na agência Débora começou a escrever uma lista de erros e acertos. Não só os dela, mas também de outros.

É assim até hoje. Na lista, há dicas que vão desde nunca fazer uma apresentação sem revisá-la a dificuldades de gestão de um projeto ou informações sobre como o cliente lida com diferentes conteúdos. Ali ficaram registradas várias das angústias que Débora começava a acumular, que culminaram na fundação da Inesplorato.

Em 2009, ainda na Voltage, ela resolveu desenvolver um projeto fora do Brasil, propôs ao chefe um trabalho que envolvia uma viagem e vendeu para o Pão de Açúcar uma pesquisa sobre varejo europeu.

Levou com ela, como fotógrafo freelance, um amigo com quem havia estudado na ESPM e trabalhado na própria Voltage, Roberto Meirelles, que se tornaria sócio da Inesplorato. Ele estava trabalhando em uma agência de publicidade, mas pediu uma licença, e os dois passaram três meses na Europa. Durante a viagem, tiveram tempo para trocar ideias, entrar em contato com informações e estímulos culturais diferentes, além de fazer planos.

Eles lembram da viagem como um momento extremamente produtivo do ponto de vista criativo. Para Débora, foi quando conseguiu clarear e começar a dar forma às ideias que vinha cultivando havia três anos.

Na volta, ela pediu demissão e negociou sua saída para dali a quatro meses. Cansou de ouvir de amigos e familiares que devia estar louca por abrir mão do cargo, do salário e do reconhecimento. Por saber que tinha criado algo promissor, que daria certo apesar das opiniões contrárias, ela não voltou atrás na decisão.

Passou três semanas trancada em casa, sem assistir a TV ou ouvir música. Queria se concentrar para transformar em produtos e serviços todas as ideias que já estavam ali, que ela e Roberto haviam discutido na viagem.

Depois de estabelecer que sua empresa faria curadoria de conhecimento, Débora começou a apresentar a Inesplorato para pessoas que ao longo de sua carreira haviam dito que a ajudariam caso ela abrisse uma empresa. Mesmo sem entender do que se tratava a Inesplorato, todas elas, catorze ao todo, manifestaram interesse em entrar no negócio, segundo Débora.

Três delas foram escolhidas a partir de critérios como sinergia ideológica e amizade: Roberto Meirelles, Ricardo Poli, o mais experiente do time e professor da ESPM, e Carlos Alberto Martinez, o Cabé, responsável pela administração da Inesplorato. Débora é a sócia majoritária.

"COPIARAM DE QUEM?" Os sócios contam que no começo não era fácil explicar para os potenciais clientes o que era a empresa, ainda mais sem outras referências no mercado. Eles lidavam com a desconfiança em relação ao novo. Era comum ouvir as perguntas: "Vocês se inspiraram onde?", "De que país veio a ideia?", "Copiaram de quem?".

Sem entender direito o serviço que estava sendo oferecido, as pessoas também tendiam a colocar a empresa em categorias conhecidas como *coaching* ou pesquisa, em vez de considerar que ali poderia haver algo novo.

A Inesplorato nasceu oferecendo dois serviços. As caixas direcionadas, até então testadas em amigos como um "projeto-piloto", e o estudo Infelicidade Feminina. O estudo, que viria a ser o primeiro de vários volumes das curadorias temáticas, começou a ser preparado seis meses antes de a empresa abrir.

O Pão de Açúcar, pioneiro em consumir as curadorias temáticas, não só comprou o estudo "Infelicidade Feminina" como adquiriu outros dois que ainda seriam feitos — "Infelicidade Masculina" e "Culturas Brasileiras". Foi um marco para a Inesplorato e deu tranquilidade financeira à empresa por vários meses.

Em janeiro de 2010, quando foi fundada, a Inesplorato tinha duas funcionárias, Gabriela e Cris, formadas em publicidade, além de Débora. Roberto, de 28 anos, saiu da agência em que trabalhava para se juntar ao time pouco tempo depois. Deixou pra trás o cargo de diretor de arte, que conquistou aos 24. Cabé, que trabalhava em um banco, fez o mesmo logo depois. Ricardo Poli acabou deixando a Inesplorato.

Nos primeiros meses, cada e-mail que chegava no endereço @inesplorato.com.br era respondido e comemorado com entusiasmo. Assim como causou comoção a primeira vez que a empresa foi citada por um blog estrangeiro. A divulgação do novo negócio era feita pelo site, pela participação dos sócios em blogs, redes sociais e pelo boca a boca.

A Inesplorato começou a funcionar em um sala alugada,

de 37 metros quadrados, e com investimento de 80 mil reais, feito pelos fundadores. O dinheiro foi usado para pagar as funcionárias, que à época já eram registradas, o aluguel e as despesas com telefone e internet. Em 2011, a empresa fechou o ano com faturamento de 1,4 milhão de reais e cresceu 50% em 2012. O crescimento obrigou a mudança de endereço para uma casa no mesmo bairro, bem maior. Em vez de uma sala, agora são sete.

Passou de três funcionários fixos para seis, depois para onze até chegar aos dezesseis. Todos são contratados. Característica não muito comum de uma nova empresa, a Inesplorato sempre foi organizada.

Os sócios são modernos nas práticas que incentivam a inovação e a criatividade, e caretas na parte burocrática. Para Roberto Meirelles, ser caxias no planejamento e na organização foi fundamental para agir com cautela desde o começo. Embora esteja dando lucro, eles optaram por não retirar o dinheiro para reinvestir na empresa.

Além de explicar o que faziam, outra dificuldade enfrentada no início era mensurar o sucesso, já que o serviço inédito da empresa não tinha concorrência direta. O índice de avaliação passou a ser o retorno de clientes satisfeitos.

O primeiro consumidor oficial das caixas direcionadas virou cliente fiel. Segue degustando o que os curadores reservam a ele. Já está na sua décima primeira caixa. Nenhuma das empresas atendidas pela Inesplorato até hoje fez com os curadores apenas um projeto. Todas já experimentaram diferentes serviços. Alguns deles, inclusive, ajudaram a inventar.

MODELO DE NEGÓCIO

Para produzir os estudos que são matéria-prima do negócio, a Inesplorato elege o tema a ser abordado, faz um investimento, estima o tempo necessário para executá-lo e contrata curadores convidados para participar. Quando ficam prontos, os estudos são vendidos às empresas. Eles não partem de perguntas propostas pelas próprias marcas.

Apesar de terem o mesmo conteúdo como base, os estudos chegam às mãos de quem os comprou de forma customizada. São adaptados de acordo com a necessidade de cada cliente. Como a Inesplorato não vai a campo para produzir novas pesquisas, seu modelo de negócio é menos arriscado, já que o custo de cada estudo é menor.

Implica basicamente nas horas dedicadas pela equipe, no pagamento de curadores convidados e, eventualmente, em viagens. Como a base de cada curadoria temática é a mesma, o investimento fica pequeno perto do retorno que gera. Se a produção de um estudo custou à Inesplorato x, ele pode ser vendido inúmeras vezes por 5x.

As curadorias temáticas transformaram-se em estudos contínuos. Cada um deles vem sendo atualizado com novas informações. Segundo Débora, eles se transformaram na matéria-prima da empresa. Muitas perguntas que clientes demandam a um instituto de pesquisa ou a uma empresa de consultoria já estão ali, na forma de curadoria de conhecimento, explica. Dúvidas sobre o comportamento feminino, masculino, sobre o jovem, beleza, moda, cultura.

A criação dos estudos começa com algumas horas de brainstorming. Depois, a equipe desenha um mapa de curadoria, até definir um caminho a seguir. É no grande pedaço de papel, com palavras e frases escritas a caneta e alguns Post-it pendurados, que são decididos os rumos de cada trabalho.

No caso do estudo sobre infelicidade feminina, por exemplo, em vez de tentar desvendar como é a mulher multitarefada de hoje e o que deseja a mulher do futuro, os curadores foram buscar respostas na mulher do passado, a partir de duas vertentes: a sociologia de gênero, em que a mulher é o que a sociedade imagina que ela seja, e a psicologia evolucionista, a mulher como reprodutora e defensora da prole.

Para cada estudo, a empresa convida curadores, além

de trabalhar com aqueles que já fazem parte da equipe fixa. Durante o processo de curadoria para o estudo sobre culturas brasileiras, curadores de outros estados do país estiveram envolvidos no projeto, contribuindo com informações locais. A primeira versão levou dez meses para ficar pronta.

Em outros casos, profissionais de áreas como arquitetura ou design também são chamados para dar sua colaboração. O perfil dos convidados depende do assunto abordado. É o que garante pluralidade e certo frescor no desenvolvimento dos projetos.

Em seu terceiro ano de vida, a Inesplorato começou a desenvolver vários outros serviços para empresas. Houve a constatação de que o conceito dos produtos oferecidos era tão amplo que poderia ser aplicado de formas diferentes.

Para combater o problema da crise da demanda equivocada, a Inesplorato também desenvolveu um treinamento para que as próprias corporações reavaliem as premissas que as fazem comprar uma pesquisa, contratar uma consultoria ou um programa de treinamento para seus funcionários.

Como curadora, a Inesplorato não entrega qualquer novo conteúdo a um cliente sem olhar resultados de pesquisas antigas. É curar conhecimento com o conhecimento que a empresa possui. Para Débora, quanto mais qualificadas forem as pesquisas, melhor será o trabalho deles.

O surgimento de novos serviços oferecidos aconteceu, naturalmente, como a escolha dos diretores e presidentes. Uma vez por mês, a Inesplorato tem uma hora na agenda de executivos para apresentar a eles um tema "fora da caixa", que provoque uma discussão sobre conceitos como inovação e visão de risco. Ou, como Débora define, encontros "para causar".

Também foi criado o Café com Curadores, um programa pensado para a Melitta, em que mensalmente a Inesplorato se reúne com funcionários de marketing e produtos para promover discussão sobre algum assunto pertinente à empresa. Com isso, embora seja nova, a Inesplorato já ampliou consideravelmente seus serviços e sua área de atuação, principalmente em produtos voltados para empresas.

SONHO E CELEBRAÇÃO Além de aumentar o tamanho da equipe, o faturamento, os serviços e expandir a área de atuação, a Inesplorato quer oferecer uma versão da caixa direcionada a preços mais acessíveis, tornar o que ainda é um produto para poucos em algo mais democrático. A ideia é ter um produto que possa ser vendido a vinte reais.

A Inesplorato também estabeleceu uma base em Nova York. O novo endereço representa uma forma de manter os processos de renovação e atualização constantes. Processos que ali acontecem de forma orgânica, fundamental para uma empresa inovadora se manter inovadora.

Os curadores buscam promover experiências transformadoras a seus clientes e encontram nos clientes novas demandas e, consequentemente, oportunidades. Como experts em diagnóstico, estão atentos ao que há de novo e não param de estudar. Se por um lado conhecimento não tem data de validade, eles acreditam que o caminho para a inovação é oposto ao da zona de conforto.

Mesmo com a equipe maior, querem manter as viagens para outros países para respirar cultura e novas referências. Além disso, uma vez por semana, todos participam de uma aula de teatro na casinha, como chamam o escritório da "Inês". Para os sócios, é um jeito de toda a equipe aprender a ter desenvoltura e perder o medo de se expor, para que cada um possa fazer apresentações representando a Inesplorato, tarefa ainda concentrada em Débora.

Também é uma preocupação dos sócios continuar gerenciando a Inesplorato como quem realiza um sonho e não transformar o negócio naquilo que tem afastado profissionais talentosos de grandes empresas. Para eles, o trabalho precisa continuar prazeroso e realizador.

A lista de erros e acertos que Débora começou a fazer no primeiro mês de trabalho já está com 120 páginas e virou uma espécie de modelo de gestão da Inesplorato. É uma ferramenta importante para uma reunião que deixou de ser semestral para virar trimestral, a pedido da equipe. Na reunião, os funcionários levam erros e acertos para discutir o que funciona e o que não funciona na empresa. Um fala sobre um acerto, o outro sobre um erro, até a lista de todos se esgotar.

A reunião termina com um plano de ação ou uma ideia. Uma delas, que saiu do último encontro, é abrir uma garrafa de champanhe quando cada negócio é fechado. Não importa se ele vale pouco ou muito dinheiro. Para cada novo projeto, todo mundo faz um brinde, para lembrar da importância de celebrar as vitórias. No quarto ano de existência da Inesplorato, não faltam motivos para comemoração.

DICAS DA DÉBORA PARA NOVOS EMPREENDEDORES Apesar de, em 2013, ter sido eleita pelo *Meio & Mensagem* uma das pessoas com menos de trinta anos que estão mudando o mercado da comunicação, ela também sofre de alguns desses problemas:

- Tome cuidado para não se apaixonar demais pela empresa. A paixão pode impedir o idealizador do negócio de enxergar os erros e as bobagens que estão sendo feitos.
- Não seja centralizador. É saudável deixar que projetos saiam da empresa sem que passem pela aprovação do dono.
- Dê ao fluxo de caixa a importância que ele merece, ou seja, ele deve ser mais importante para você do que a sua mãe.

- Lembre-se de que ser empreendedor não significa fazer apenas aquilo de que gosta. Quem não quer se preocupar com a área administrativa, burocrática ou financeira precisa contratar um bom profissional para fazer isso.
- Se você não puder ou não tiver se preparado financeiramente para não depender de salário por algum tempo, continue como funcionário. É difícil ser empreendedor pensando em quanto você vai ter que faturar amanhã para poder pagar as contas.
- Ser empreendedora mulher não é fácil. O país ainda é machista e muitas vezes o ambiente profissional corporativo, hostil. Além disso, ser dona de uma empresa, independente e extremamente envolvida com o trabalho é um problema para os relacionamentos.

Outros trabalhos

Depois de um trabalho feito com a Inesplorato sobre a mulher moderna, a partir do estudo sobre infelicidade feminina, pela primeira vez a Melitta conseguiu gerar repercussão nas redes sociais por causa de uma campanha publicitária. Nela, uma jovem conta ao pai que o namorado a pediu em casamento, mas que ela ainda se acha muito nova para isso, por que quer viver outras coisas.

A propaganda, que levantou a questão de que a mulher não precisa casar logo para ser feliz, dividiu opiniões. Mulheres indignadas com o fato de a menina não querer se casar, outras apoiando a decisão.

Há também o projeto realizado com a Unilever para desenvolver um trabalho de engajamento da equipe em torno de um tema com o qual convivem diariamente: beleza. A Inesplorato abordou o desejo da mulher em ser magra. Para isso, mostrou um vídeo da década de 1920, em que as esposas levavam seus maridos aos desfiles de moda, já que eram eles que pagavam pelas compras. Até que as esposas passaram a ficar enciumadas com os homens olhando para as belas e robustas modelos.

O ciúme das mulheres fez com que a presença masculina nos desfiles diminuísse e, consequentemente, as vendas caíssem. Estilistas passaram a apresentar as roupas em mulheres muito magras, que não representavam o padrão de beleza da época.

Há ainda outros trabalhos importantes feitos sob demanda. Junto com a butique de inovação Mandalah, a Inesplorato foi contratada pelo Comitê Olímpico para contribuir na criação da identidade visual da Olimpíada de 2016, no Rio. A tarefa dos curadores foi pesquisar a cultura carioca e a cultura brasileira para dar autenticidade às imagens que irão estampar tudo o que se referir aos jogos: da medalha ao pódio, passando pelas roupas dos atletas.

Em outra ocasião, uma empresa que precisava passar um briefing a uma agência de publicidade preferiu entregar a cada criativo uma caixa direcionada, com livros, CDs, filmes e todas as referências que os profissionais deveriam usar para desenvolver a campanha.

A difícil missão de continuar surpreendendo

Havia certa expectativa das curadoras Gabriela e Renata na entrega da caixa de Keid Sammour na tarde daquela quarta-feira, em São Paulo. Cliente fiel da Inesplorato, o publicitário foi o primeiro a experimentar, oficialmente, o serviço inédito que a então recém-inaugurada empresa se propunha a oferecer. Até aquele momento, início de 2010, apenas alguns amigos de Débora haviam testado o produto original.

À época, um amigo em comum colocou em contato Keid e Débora, que acabara de abrir o próprio negócio. A caixa de madeira, com livros, filmes e anotações pensada exclusivamente para ele caiu no gosto de Keid. Com vinte anos de atuação no mercado publicitário — já trabalhou na W/Brasil, BorghiErh/Lowe, Lov, Publicis, Cubocc e agora faz parte do grupo Flag — Keid é consumidor assíduo de novidades. Se na primeira caixa o desafio para a Inesplorato era seduzir o antenado cliente, agora o desafio era continuar surpreendendo. Ele receberia sua 11ª caixa direcionada.

Além de Renata e Gabriela, Roberto, sócio da Inesplorato, também participava da entrega, realizada na casinha. Se de um lado os curadores estavam ansiosos para ver a reação do publicitário, ele estava ansioso para descobrir o conteúdo que o aguardava.

Com todos reunidos em volta da mesa de vidro de uma das salas, Gabriela entregou a caixa a Keid. Curadora da Inesplorato desde o início, para ela a ocasião era especial. Estava deixando a empresa e este era seu último trabalho.

Dava para ver o entusiasmo das curadoras ao mostrar algum conteúdo que ainda era novidade para Keid. Surpreenderam ao recorrer a uma escritora tão conhecida — e ainda mais popularizada por atribuições nem sempre verdadeiras à sua obra nas redes sociais — como Clarice Lispector. A caixa continha uma compilação de entrevistas feitas pela autora a grandes nomes como Chico Buarque e Nelson Rodrigues, na época em que ela ainda trabalhava como repórter.

Não, esse livro Keid ainda não conhecia. E por que estava ali? Roberto explica que as entrevistas são com as pessoas e não com seus personagens, uma reflexão para Keid. A história de pessoas que se reencontraram ao rever o valor das pequenas iniciativas é o tema de outro item da caixa, um documentário. O filme trata da expectativa de sucesso na opinião de gente como o homem que resolve esculpir facas e hoje é reconhecido por grandes chefs de cozinha do mundo.

Interessantíssimo, sentencia Keid. Ao que tudo indica, sua 11ª caixa ainda não será a última.

As cabeças por trás da Inesplorato

Nome Débora Emm
Data de nascimento 15 de setembro de 1983
De onde é Ribeirão Preto, SP
Família O pai trabalha na área de educação, é diretor pedagógico do Grupo Pearson. A mãe é artesã. Tem uma irmã, engenheira agrônoma
Formação Estudou no COC, em Ribeirão Preto. É cientista social (formada pela USP), publicitária (formada pela ESPM) e, atualmente, faz pós-graduação em jornalismo literário
Outros trabalhos Antes da Inesplorato, trabalhou por quatro anos em uma empresa de pesquisa e tendências, a Voltage
Outras atividades Faz aulas de teatro e está escrevendo um livro
Causa Colaborar para a transformação do que chama de "núcleos de valores duros e aprisionantes" que impedem novos e melhores "passos" da sociedade

"Pílula inspiradora" para um empreendedor criativo
Crie, acredite e faça.

Nome Roberto Zaidan Meirelles
Data de nascimento 20 de fevereiro de 1986
De onde é São Paulo, SP
Família O pai é advogado e administrador de um restaurante. A mãe é arquiteta. Tem dois irmãos. O mais velho é administrador de empresas e o do meio, advogado
Formação Estudou até a 6ª série no Colégio Visconde de Porto Seguro. Cursou um ano na Palmer Trinity School, na Flórida, EUA. Formou-se na Escola Nova Lourenço Castanho. Fez curso de comunicação visual na Escola Panamericana de Arte. Morou seis meses em Barcelona, onde estagiou na área de comunicação e cursou cinema na escola Nou Prodigy. É formado em comunicação social pela ESPM
Outros trabalhos Trabalhou na agência de tendências Voltage. No início de 2008, trabalhou como estagiário na área de criação da agência Mohallem Meirelles. Tornou-se assistente de arte na Moma Propaganda e um ano depois foi promovido a diretor de arte
Outras atividades Fotografa, toca instrumentos, faz aulas de teatro, joga futebol, tênis e anda de bicicleta. Torce para o São Paulo
Causa Buscar o equilíbrio. Ser feliz e ter consciência disso

“Pílula inspiradora” para um empreendedor criativo

Para transformar sua vida você não precisa reinventar a roda. Uma pequena iniciativa, aliada à paixão, pode transformar a vida de todos aqueles que se relacionarem com sua empresa.

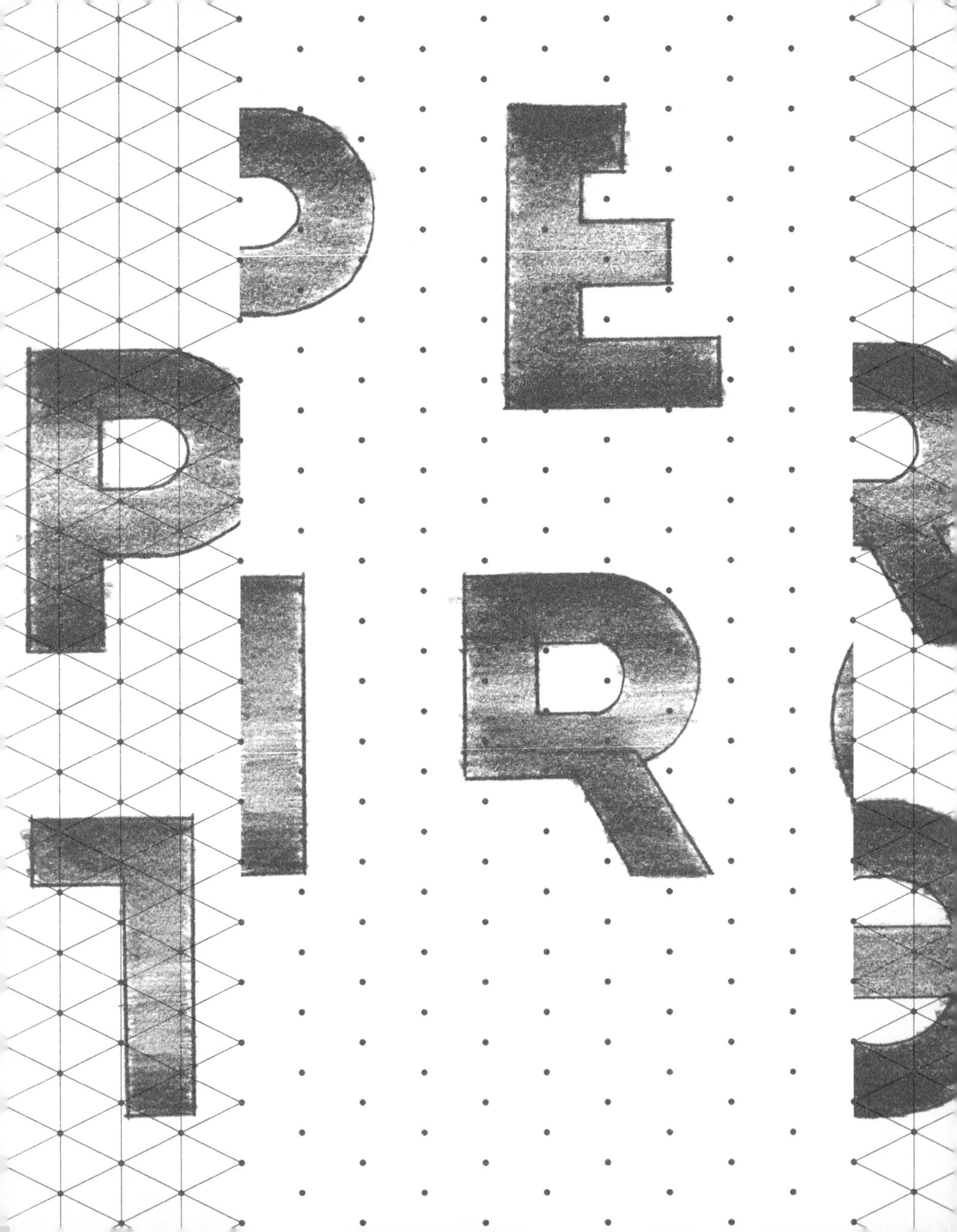

NOME PERESTROIKA
O QUE É ESCOLA DE ATIVIDADES CRIATIVAS
FUNDAÇÃO OUTUBRO DE 2007
SÓCIOS TIAGO MATTOS E FELIPE ANGHINONI
PROPÓSITO TORNAR O MUNDO MAIS CRIATIVO E GERAR IMPACTO POSITIVO NA SOCIEDADE

WHATEVER O cartão de visita de quem trabalha na escola de criatividade Perestroika diz muito sobre a empresa, fundada em 2007 em Porto Alegre. Os funcionários das unidades de São Paulo, Rio, Curitiba, Porto Alegre, Belo Horizonte e Brasília apresentam-se como "diretor de *whatever*". Em princípio, pode parecer só uma brincadeira para dar ar descolado. Mas o cargo inventado tem um motivo.

"Diretor" serve para mostrar que qualquer um tem autonomia para tomar decisões. "*Whatever*", para lembrar que todos podem desempenhar as mais diversas funções. Esse é o espírito de quem encara o trabalho como uma espécie de gincana. Quem participa da brincadeira deve estar sempre pronto para tomar a iniciativa e fazer de tudo. De recolher o lixo a arrumar o ar-condicionado e sugerir o próximo projeto.

Para não haver desordem, já que a empresa não tem departamentos rigorosamente definidos, sua estrutura é composta pelos sócios, Tiago Mattos e Felipe Anghinoni, uma gestora-geral e núcleos como o de design, o financeiro e o de cursos, com gestores de projetos em cada um deles.

Essa foi a forma que os dois jovens gaúchos, ex-publicitários, encontraram para ter um tipo de trabalho mais flexível, em que tudo se mistura em nome de um objetivo comum. No caso, tornar o mundo mais criativo e gerar impacto positivo na sociedade.

Como? Por meio da educação. É por isso que, em vez de um restaurante a quilo ou uma padaria, Felipe e Tiago, que trocam o "mas" por "mãs" ao contar orgulhosos sobre a Perestroika, decidiram ter uma escola — bem diferente das convencionais, graças aos cursos originais e inusitados e à metodologia das aulas.

ESCOLA DE CRIATIVIDADE Entre os cursos livres da Perestroika estão *Bitch!*, sobre o poder da mulher, Felicidade, que trata a felicidade como modelo de negócio, Rede, sobre nova estrutura da sociedade, Da Hora, sobre administração do tempo e PPT, para montagem de apresentações e *storytelling*. Os valores variam de acordo com cada curso.

Afinal, o que um curso chamado *Bitch!* ensina? Se você pensou em técnicas de sedução, errou. Sugerido por um funcionário da empresa e lançado em 2012, o curso trata de como aumentar a autoestima feminina, de como a mulher pode se beneficiar do poder que exerce se souber identificá-lo. O curso tem como curadora a filósofa e colunista da *Trip*, Carol Teixeira.

Já o curso *New Ways of Thinking*, outro clássico da Perestroika, que fala de lógica hiperdialética, apresenta outras formas de pensamento para resolver problemas, a partir de algumas teorias. Uma delas sugere pensar como se cada um fosse um designer de soluções, outra usa o pensamento aplicado a games.

Entre os destaques mais recentes estão os cursos *On Tap*, para degustadores de cerveja, e o Nova, que trata de novas plataformas de educação e aprendizagem.

Assuntos que vão de gestão rural a futebol, passando por futurismo e maternidade, estão nos cursos da Perestroika. Além de abordar temas relacionados à criatividade, o outro compromisso da escola é promover aprendizado a partir da experiência.

Como dizem Joseph Pine e James H. Gilmore na obra *The Experience Economy: Work Is Theatre & Every Business a Stage* (Harvard Business School, 1999), vivemos na era da "economia da experiência". Depois da revolução agrária, da industrial e de serviços, passamos por um momento em que as experiências viraram ofertas predominantes, com capacidade de sensibilizar o consumidor.

Com a revolução tecnológica, produtos e serviços tornaram-se commodities, ao mesmo tempo em que o consumidor passou a ser cada vez mais exigente. Ele valoriza a customização em detrimento da "comoditização". O consumidor quer vivenciar experiências boas, únicas, autênticas, que possam influenciar e transformar seu modo de vida.

Para os autores de *The Experience Economy*, mercadorias são substituíveis enquanto as experiências estão ligadas à subjetividade, à emoção.

Os donos da Perestroika são adeptos dessa filosofia. Eles acreditam na customização do serviço e apostam no conteúdo criativo transmitido por meio da experiência. É o que chamam de "experiência da educação". Mas, no papel, é mais difícil explicar, já que para entender é preciso vivenciá-la.

É como ir a um restaurante chique, com comida sofisticada, ambiente bonito e garçons atenciosos e não sair de lá tão satisfeito e feliz como quando você vai a um boteco qualquer. O boteco é sujinho e os atendentes são meio mal-humorados. Mas aquele sanduíche de pernil acompanhado de uma cerveja de garrafa bem gelada são imbatíveis. Além disso, você se sente em casa, encontra os amigos e por isso a experiência de estar lá costuma ser tão agradável.

Gerar experiências está entre os objetivos da Perestroika. A aula inaugural da escola, "A criatividade não compensa", foi ministrada por Felipe, que apareceu fantasiado de policial. O objetivo era trazer referências de criatividade externas ao universo da propaganda. Ele foi buscar a inteligência por trás de sequestros e outros crimes. Para preparar a aula, pesquisou filmes, livros e entrevistou delegados. Deixou a barba crescer e depois a aparou de um jeito diferente, arrumou uma metralhadora de água e foi assim, no melhor estilo "*american cop*", que apareceu em frente aos alunos.

Felipe conta que depois de ter a ideia, conforme foi chegando perto do dia da aula, pensou em desistir da performance. Sentiu vergonha. Foi Tiago que o encorajou com o seguinte argumento: se Felipe estivesse fantasiado, os alunos sairiam da aula com essa lembrança, contariam em casa, aos amigos. O fato de o professor estar vestido de policial seria uma notícia para eles. Uma experiência marcante, memorável para quem vivenciasse aquilo.

Felipe não só se convenceu como depois disso deu aula vestido de Branca de Neve, de morte, de comediante de stand-up... Os figurinos vêm da época em que ele era folião. Sua mãe nasceu em Recife, onde o carnaval de rua é comemorado com frevo, blocos e muitas fantasias. Felipe guarda uma mala cheia delas.

Durante outra aula, "Quebrando a matrix", ele queria frustrar expectativas. Quando todos já estavam na sala, um funcionário da Perestroika avisou que Felipe tinha se atrasado e deixou a TV ligada enquanto os alunos esperavam. Na tela, as imagens mostravam o professor vestido normalmente, carregando uma mochila, chegando à Perestroika, passando pela catraca, entrando no elevador.

Justamente no momento em que o vídeo mostrava Felipe entrando na sala, a porta abriu. Quando os alunos se voltaram para a porta, ele apareceu fantasiado de vaca. Surpresa! O conteúdo daquela disciplina tratava, entre outras coisas, da necessidade de sair da zona de conforto. Abordava ainda o entendimento de que com o olhar treinado, é possível enxergar além dos padrões aos quais estamos acostumados.

Uma degustação de cerveja às cegas virou exercício de uma aula de Tiago. Em outra, sobre criação de títulos, ele colocou embaixo da cadeira de cada aluno um briefing diferente.

Para garantir que toda aula gere experiência, os sócios

transformaram algumas práticas em metodologia e criaram um checklist com dezessete “mandamentos” da Perestroika, seguido por todos os professores da escola.

O primeiro deles é que uma aula é uma aula, não um bate-papo ou uma palestra. Sendo assim, existe um compromisso com a entrega de conteúdo e a responsabilidade com o aprendizado. Outro deles é chamado de “fator do dia seguinte” ou o que o aluno vai se lembrar da aula amanhã. O professor precisa criar um tuíte (frase de no máximo 140 caracteres do Twitter) contando “o que fica da sua aula”.

“Treco” também está entre os dezessete mandamentos. Significa que a aula precisa ter alguma coisa diferente, especial, “um treco”. É o professor vestido de vaca, o briefing debaixo da cadeira ou o teste cego de cerveja como exercício. Toda aula também deve ter uma tese, uma visão particular do professor. Ali não basta ensinar, tem de defender uma opinião.

Há ainda o cuidado com o design da informação e a forma como as histórias são contatas durante as aulas, o chamado *storytelling* — estrutura narrativa em diversos formatos como vídeo, texto, foto, infográfico ou game para contar a história de um projeto ou de uma marca, com objetivo de envolver e encantar o público. Assim, existe uma preocupação com a qualidade do conteúdo tão grande quanto com a sua abordagem.

Toda aula começa com um aluno fazendo uma apresentação para os colegas de turma e para o professor. Quem pede para fazer a apresentação acerta com a coordenação do curso em que aula isso acontecerá, pois é preciso ensaiar. Sem ensaio, o tempo de apresentação, ainda que curto, pode virar uma eternidade. Neste momento, aluno e professor trocam de lugar, e os papéis se invertem. A técnica da apresentação usada pela Perestroika é chamada Ignite, usada por palestrantes da Singularity University, no Vale do Silício. O aluno tem cinco minutos para mostrar vinte lâminas que vão passando a cada quinze segundos automaticamente.

Além do conteúdo de seu Ignite, o aluno organiza uma apresentação rápida, sobre um tema da sua escolha. O objetivo é que todo mundo participe da construção da aula, partindo do princípio de que cada um tem tanto a ensinar como a aprender.

Outro exemplo: durante as aulas os alunos podem tomar cerveja. Mas qual é a intenção disso? Fazê-los aproveitar o momento como se fosse um happy hour. A hora do aprendizado não deve ser chata ou entediante. Pelo contrário. O ambiente estimula a aprender com diversão, em momentos de informalidade como acontece em um bate-papo entre amigos. Isso é o que transforma a experiência, não a cerveja especificamente.

Para cada curso, profissionais de destaque em suas áreas são convidados a atuar como professores. O rapper Emicida, o escritor Daniel Galera, os chefs Benny Novak e Roberta Sudbrack, o quadrinista Rafael Albuquerque, o estilista Ronaldo Fraga e o escritor Jorge Furtado são alguns nomes que já passaram por lá. Os coordenadores dos cursos mexem no PowerPoint dos professores, acertam o ritmo das apresentações e interferem no tempo dedicado a cada assunto. Aplicam os mandamentos do checklist para garantir o padrão Perestroika de ensino. Esse processo muitas vezes é feito a quatro mãos, entre a equipe da escola e quem vai dar a aula.

Há alguns critérios na hora de escolher os professores: eles precisam ter prazer no que fazem, sinergia filosófica com a escola e aceitar diferenças.

Felipe e Tiago não têm formação na área educacional. Estão mais interessados em estudar estruturas de rede para transmissão de conteúdo e na questão da experiência durante o aprendizado do que em metodologias de educação tradicionais.

Tiago exemplifica com números a tese da Perestroika sobre ensinar com experiência: enquanto a maioria das instituições de ensino se preocupa em entregar 98% de conteúdo e 2% de experiência, eles se preocupam em entregar 85% de conteúdo e 105% de experiência. Isso tudo para que o aluno saia sabendo 90% do que foi entregue.

Foi assim que os sócios encontraram um espaço a ser preenchido no mercado. Eles acreditam que o modelo tradicional está passando por uma crise porque as faculdades se baseiam em um modelo de educação em que o conhecimento era de poucos. No momento em que o acesso à informação torna-se muito fácil, o conteúdo pode ser encontrado de diversas maneiras. Não é mais exclusivo do corpo docente. Por isso, para a Perestroika a função do professor é, antes de tudo, inspirar.

Os cofundadores da Perestroika dirigem uma escola cujo objetivo é dar ferramentas para as pessoas serem mais criativas, que pretende mobilizar seus alunos a gerar impacto positivo. Em outras palavras, "a ir lá e fazer".

PÔQUER Para chegar onde está hoje, a Perestroika transformou-se bastante ao longo dos anos. No início, oferecia cursos voltados ao mercado de publicidade, área em que os fundadores atuavam. Cursos de criação publicitária, atendimento, design e internet.

Pelo conteúdo que oferecia, começou a ser vista como uma pequena ESPM de Porto Alegre, terra de origem de seus fundadores. Embora admirassem a ESPM, não era exatamente esse o lugar a que os idealizadores da Perestroika gostariam de ser associados. Sua ideia era outra.

Início de 2009. Como toda segunda-feira, Tiago se encontrou com amigos para jogar pôquer. Ficou sabendo que um deles, Diego Brunelli, advogado, que costumava jogar com o grupo, havia virado jogador profissional de pôquer na internet e estava vivendo disso. Brunelli estava feliz e ganhando dinheiro.

Tiago achou a história interessante. Afinal, pôquer tem tudo a ver com criatividade, matéria-prima da escola que queria ter. A exemplo do que havia acontecido com o amigo, saber jogar pôquer foi fundamental para uma mudança significativa na vida de alguém. Daí surge a ideia de promover um curso diferente na Perestroika. O gaúcho foi atrás do amigo e propôs a ele a ideia de montarem juntos um curso de pôquer.

O amigo aceitou a proposta e entrou como sócio no negócio. Eles fizeram contato com o site Pokerstars, maior sala de pôquer on-line, e conseguiram, além de patrocínio, a participação dos melhores jogadores da web como professores convidados. Assim nasceu o curso que mudaria a história da Perestroika, que reposicionaria a empresa: *PokerStars* — o primeiro curso de pôquer regular do Brasil.

A notícia sobre o lançamento da nova turma modificou a imagem da Perestroika, que até então era vista como uma escola voltada ao mercado de publicidade. Foi quando as pessoas passaram a perceber que ali havia uma proposta diferente de tudo o que havia no mercado. Nesse momento, os sócios da empresa souberam que, agora sim, estavam no caminho certo.

Esse foi provavelmente um dos movimentos mais importantes na história da Perestroika. Seu momento mais "Perestroika", que significa "reconstrução". O nome, sugerido por Felipe, foi escolhido pela sonoridade da palavra, que batizou a abertura econômica promovida por Gorbachev na antiga União Soviética e estava presente no noticiário na época em que os publicitários ainda eram crianças, no final dos anos 1980.

O lançamento do curso de pôquer — que lotou a sala em sua primeira edição e gerou outro curso regular da Perestroika, o *Poker for Dummies* — descolou a imagem da escola de outras instituições de ensino da área de comunicação e marcou a empresa por oferecer um serviço original. A partir de então, a equipe da Perestroika pôde se dar ao luxo de inventar qualquer curso desde que o tema estivesse relacionado à criatividade. Foi a libertação para tornar-se o que é hoje: uma escola de atividades criativas.

BANDA DE GARAGEM Na época em que Tiago e Felipe começaram a carreira como publicitários no Rio Grande do Sul, houve uma forte migração de bons profissionais da área para São Paulo, o que abriu as portas para o time juvenil assumir como titular. Jovens recém-formados abraçaram grandes trabalhos e os que davam conta do recado ganhavam grande exposição. Tiago e Felipe deram conta do recado e cresceram rapidamente.

Naquele tempo, já nutriam admiração mútua, assim como por outro amigo da publicidade, Márcio Callage. Junto com outros novatos da profissão, os três montaram o Clube dos Jovens Criativos. Como eram muito novos e tiveram a carreira acelerada, tinham o intuito de buscar mentores para adquirir mais experiência. No clube, formaram-se duas correntes filosóficas: uma mais sindicalista e outra mais subversiva — da qual os três faziam parte.

Com o racha, a iniciativa não foi pra frente e o clube acabou. Mas por conta da admiração e das afinidades entre os três, bateu a vontade de abrir um negócio juntos. Eles não tinham qualquer clareza sobre o que seria, sabiam apenas que não queriam ter uma agência de propaganda. Passearam por várias ideias, incluindo uma padaria com drive-thru, até que veio a sugestão de abrir uma escola com cursos voltados para jovens publicitários.

Antes da sugestão que daria outro rumo à sua vida, Tiago ganhou uma bolsa para estudar nos Estados Unidos, na concorrida Miami Ad School, em 2001. Com a perspectiva de ingressar na instituição, considerada à época uma das mais criativas do mundo, imaginou que encontraria uma escola livre de formatos convencionais, mas teve suas expectativas frustradas.

Embora a experiência tenha sido boa, a escola ideal que havia imaginado ficou guardada em sua cabeça. Quando voltou ao Brasil, com a ajuda do pai empreendedor, Tiago chegou a colocar a ideia no papel. Fez um plano de negócios e apresentou a um investidor. Como o projeto não despertou grande interesse, ficou de escanteio.

Só quando veio a sugestão de abrir um curso para jovens publicitários, é que o projeto da escola ideal começou a sair da gaveta.

Todos conheciam o mercado publicitário e tinham dificuldade de contratar e selecionar estagiários para trabalhar nas agências. Estavam acostumados a fazer entrevistas e analisar portfólios. Sabiam que existia um buraco entre as demandas das agências e a inexperiência dos jovens em início de carreira.

Compartilhavam da opinião de que não são as faculdades que preparam o jovem profissional, mas sim o mercado. Mas como um publicitário sem experiência consegue emprego em uma agência se para estar em uma agência é preciso ter experiência profissional?

Já existiam escolas que ofereciam cursos para ajudar publicitários a montar seu portfólio, ou seja, a organizar trabalhos e ideias de autoria própria, para serem mostrados como referência profissional. Mas, na opinião dos cofundadores da Perestroika, nenhuma escola estimulava de fato a criatividade. Era aí que eles queriam atuar.

O primeiro curso da Perestroika tinha como tema criação publicitária. Nasceu em 2007, usando o modelo sustentável em que só é viável gastar menos do que se ganha. Para divulgar a novidade e atingir seu público-alvo, Tiago gravou um convite em vídeo, postou no YouTube e enviou um e-mail para estudantes de publicidade, convidando-os a conhecer o primeiro curso da Perestroika. Foi assim, pelas redes sociais, a primeira "ação de marketing" da escola.

A primeira a se convencer de que fazer o curso poderia ser um bom negócio foi Bárbara Bastos, à época estagiária de Tiago. Bárbara, que trabalhava como assistente do gaúcho em uma agência, inscreveu-se e pagou o módulo inaugural.

O dinheiro foi usado para o aluguel da sala e para o site da Perestroika, feito a preço de custo por um amigo dos empreendedores. Para pagar o site mais o aluguel, completaram cem reais ao dinheiro da primeira matrícula.

O primeiro endereço da escola era um prédio comercial, onde funcionava uma agência de propaganda. Os sócios da Perestroika eram amigos dos donos da agência e pediram para que eles, como condôminos, alugassem um espaço no prédio. O auditório onde foi ministrada a primeira aula, aquela em que Felipe entrou vestido de policial, comportava até sessenta pessoas, mas os cofundadores tiraram metade das cadeiras e a deixaram do tamanho para acomodar trinta alunos.

Característica comum de uma empresa em formação, os fundadores trabalhavam em um esquema meio caótico, "pirata", com a contabilidade bagunçada, misturando contas de pessoa física e jurídica. O primeiro curso funcionou como projeto-piloto da Perestroika, em uma época em que a empresa ainda tinha cara de banda de garagem: ocupava as horas vagas dos sócios, tudo era feito com muito entusiasmo, romantismo e pouca grana.

Os publicitários trabalhavam em agências e passaram a dedicar o pouco tempo livre que tinham ao projeto. A eles, juntou-se mais um criativo, Rafael Boher. Eles fizeram o primeiro ciclo da Perestroika sabendo muito pouco sobre educação, mas fizeram do jeito em que acreditam ser uma escola mais livre e criativa.

Ao final do primeiro curso, pediram para quem tivesse gostado indicar um amigo. Só assim seria possível dar continuidade ao projeto e abrir uma nova turma. Consideraram a estreia positiva e, embora naquele momento ainda não soubessem direito onde tudo aquilo ia dar, começaram a programar o próximo curso.

Discutiram sobre o que funcionou e o que não funcionou na aula de cada um — os quatro deram aula no curso de estreia da escola — e começaram a normatizar essas informações. Aos poucos esses mandamentos se transformaram na metodologia de ensino da Perestroika.

A divulgação da escola feita pelos alunos que participaram do primeiro ciclo deu resultado. O segundo programa, dessa vez de atendimento publicitário, abriu as inscrições e, em uma semana, as vagas já estavam esgotadas. Os grupos passaram de trinta para 35 pessoas, número mantido até hoje.

Novas turmas surgiram, outras sugestões de curso emplacaram e os sócios acharam que era a hora de ter um espaço maior, pois assim poderiam ampliar o número de módulos por semestre. Isso foi em outubro de 2007.

Para dar esse passo, abriram mais cedo as inscrições de um programa previsto para começar em março de 2008. Anteciparam as matrículas para novembro e, em três dias, fecharam o grupo. Usaram o dinheiro para alugar uma sala maior. Em março de 2008, já no novo endereço, ofereciam módulos de criação publicitária 1 e 2 e atendimento.

Tiago foi o primeiro a abandonar o trabalho na agência. Na sequência, foi a vez de Felipe abrir mão do cargo e do salário para dedicar-se 100% à escola. A Perestroika tinha virado para eles a nova namorada. Aquela em que você não consegue parar de pensar, que quer dedicar toda a atenção, que assume a dianteira na lista de prioridades.

Com quatro cursos por semestre, era possível pagar as contas e levar uma rotina relativamente tranquila, ainda mais se comparada ao dia a dia de uma agência. No novo endereço, a escola continuou crescendo. Oferecia módulos de criação publicitária, atendimento, pesquisa de consumo, áudio publicitário, internet e design. Fazendo jus aos cursos que tinha, a Perestroika começava a ser entendida pelo mercado como uma escola voltada para publicidade e comunicação.

Até o dia em que Tiago foi jogar pôquer com os amigos.

MODELO DE NEGÓCIO

Se para o aluno a Perestroika é uma escola diferente, como empresa ela também tem um jeito próprio de se estruturar. O modelo de negócio é distribuído e funciona em rede. Para cada curso, os fundadores chamam outros sócios, que por sua vez entram com conteúdo e conhecimento. Todos dividem o lucro. É a política do ganha-ganha.

Na prática, funciona assim: todos os cursos da empresa têm sócios, que normalmente são da área ou entendem do assunto que será abordado nas aulas. Mas, em vez de serem contratadas, essas pessoas também se associam à empresa. A Perestroika entra com a estrutura, a operação e a divulgação, e o novo parceiro, com a curadoria, o conteúdo e os professores. Quando o curso dá lucro, a escola fica com 50% e o sócio daquele programa específico, com os outros 50%. Se der prejuízo, ninguém ganha. O modelo se aplica para qualquer curso, de internet à gestão do tempo. Ao todo, já são cerca de cinquenta parceiros.

A mesma filosofia vale para as unidades que a empresa abriu no Rio de Janeiro e em São Paulo, fundadas no começo de 2012. Quando a Perestroika foi para o Rio, "exportou" um funcionário que já trabalhava em Porto Alegre para ficar à frente do endereço carioca, Jean Philippe Rosier. Na hora de organizar a participação de cada um, resolveram transformar Jean em dono da unidade da Perestroika do Rio.

Dividem o lucro assim: 25% para Tiago, 25% para Felipe, 25% para Jean e os outros 25% voltam para a Perestroika-Rio, como reinvestimento. Compartilham o espaço físico com uma agência de inovação e design, OESTÚDIO, em uma espaçosa casa na Gávea.

Em São Paulo, onde o modelo de negócio é o mesmo, a sócia Mariana Gutheil, que atuou em publicidade e migrou para a área de gestão educacional, lidera a operação. A Perestroika também divide espaço com uma agência de publicidade na capital paulista, a W3, em uma casa de decoração moderna, cheia de móveis coloridos no bairro de Perdizes. Já as aulas são ministradas na galeria de arte b_arco, em Pinheiros.

Em Porto Alegre, a escola de atividades criativas ocupa a sala 1352 do Edifício Furriel, na Bela Vista. Um prédio de janelas espelhadas, com cerca de cinquenta salas comerciais, auditório e café. Não ter uma grande sede, nem mesmo endereços próprios em outras cidades, é parte da filosofia da empresa.

Para os sócios, não é saudável criar um sistema gerador de um custo fixo muito alto que, consequentemente, vai gerar um grande esforço para se manter. Essa postura pode até ser confundida com falta de vontade de crescer. Mas, de acordo com os sócios, não só a vontade existe, como a Perestroika vem crescendo, mas de forma inteligente, sem correr grandes riscos financeiros, permanecendo com uma estrutura leve.

Este é outro importante conceito para os cofundadores: o de ser sustentável. É como a conta fecha, já que empresa não gasta mais do que ganha. Essa filosofia reina desde o início. Por conta disso, a Perestroika é uma empresa que foi construída sem investimento inicial ou, mais precisamente, com um investimento inicial de cem reais.

Em 2012, o faturamento da Perestroika foi de pouco mais de 3 milhões de reais e o de 2013 foi de 4 milhões.

OUTROS TEMPOS Rafael Bohrer foi o primeiro sócio-fundador a sair da empresa, em 2009, para assumir o cargo de diretor de criação em uma grande agência de publicidade de Porto Alegre. Márcio Callage deixou a Perestroika em 2012, depois de ter se tornado presidente da DM9Sul, tendo a DM9DDB como sócia majoritária, em 2011.

Tiago e Felipe continuam no comando. Têm pela frente o desafio de crescer de forma lenta e gradual, orgânica e sustentável. Conseguir manter a empresa fluida e com uma estrutura leve, ao mesmo tempo que criam processos para ajudar a garantir um padrão de qualidade, ou o jeito Perestroika de ensinar e aprender, sem perder a sua essência: ser uma escola livre e criativa, com um modelo de negócio distribuído.

Outro cuidado é para que a empresa se mantenha inovadora ao longo dos anos. Para isso, os sócios acham importante implementar um sistema de inovação. Na escola de atividades criativas um dos sistemas, bem simples, é ter a cada ano ao menos um curso como *Bitch!* ou *PokerStars*, que surpreenda, gere repercussão, polêmica, que vire notícia.

De acordo com os cofundadores, dar poder e liberdade para a equipe é outra ferramenta eficiente para manter a empresa atualizada e criativa. As pessoas são estimuladas a tomar decisões, abraçar causas, assumir responsabilidades e empreender.

Os sócios estão quebrando a cabeça para elaborar uma metodologia de ensino à distância, que proporcione algum tipo de experiência para o aluno. Tentando solucionar o problema de uma escola baseada na metodologia educacional da vivência, oferecer cursos que não sejam presenciais com a mesma qualidade.

De olho no futuro, Felipe pensa grande. Imagina levar cursos criativos para a rede pública de educação, trabalhar junto com o governo e com isso contribuir para melhorar a qualidade de ensino do país. Só no primeiro semestre de 2014, a Perestroika chegou a três cidades brasileiras: Curitiba, Brasília e Belo Horizonte. Também expandiu suas unidades de negócios criando núcleos como Czarina, responsável por consultorias principalmente na área de educação, e a Sputnik, para levar os cursos livres da Perestroika para dentro de empresas.

Estava prestes a dar um passo importante: o de se tornar internacional, ao abrir uma Perestroika em San Francisco, nos Estados Unidos.

Poder testar, ousar, experimentar e não sofrer demais com os erros faz parte do *modus operandi* da Perestroika. Seus fundadores admitem ter receio em dar passos tão importantes, mas lembram que a Perestroika sempre foi uma empresa corajosa, embora coragem não esteja ligada a falta de medo, mas sim a ir lá e enfrentá-lo.

O abraço como tecnologia

O abraço como poderosa tecnologia emocional, com alto potencial para solucionar problemas ao redor do mundo e ainda por cima gratuita. Foi com essa ideia que o gaúcho Tiago Mattos, com seu sotaque cantado, óculos, cabelo bagunçado e sua barba por fazer, ganhou a plateia formada por empreendedores, professores e alunos do curso de verão da Singularity University, em julho de 2012.

Por achar que o tema não tem sido visto da maneira correta, Tiago fez sua apresentação de pouco mais de cinco minutos de olhos vendados. Ao receber a missão de falar sobre algo em que é expert e conectar esse tema a tecnologias exponenciais, o sócio da Perestroika não pensou em robôs, em nanotecnologia ou computadores, e sim em carinho e empatia.

Ele partiu do significado da palavra tecnologia, "o conhecimento de técnicas para solucionar um problema ou atingir um objetivo", para mostrar o quanto um abraço pode ser eficiente para aliviar angústias, tristezas, medos e fazer com que as pessoas se sintam bem. Mostrou ainda como o ato de abraçar, quando bem-feito, pode ser contagiante e se espalhar facilmente.

Ao final, Tiago causou comoção: foi aplaudido, ganhou fortes abraços e, como prêmio, a experiência de fazer um voo em gravidade zero na Nasa, que custa cerca de 7 mil dólares.

Localizada no epicentro da inovação do mundo, o Vale do Silício, na Califórnia, a chamada Universidade do Google ou Universidade do Futuro conta com apoiadores como o próprio Google e a Nasa. O prédio da Singularity fica dentro das imediações da Estação Espacial.

A instituição tem como objetivo identificar pessoas e projetos com capacidade de mudar o mundo e encontrar soluções para os grandes problemas da humanidade, como a fome, a miséria, a desigualdade social e as epidemias. Procuram encontrar indivíduos que possam influenciar positivamente a vida de milhares e milhares de pessoas, usando o poder das tecnologias exponenciais.

Quem indicou Tiago ao curso de verão da Singularity foi o também empreendedor criativo Dhaval Chadha, sócio da empresa Cria, que já havia estudado na universidade.

Foi de lá que Tiago trouxe na bagagem, além de todo o aprendizado e a lembrança de um voo em gravidade zero, a proposta de um investidor de abrir a Perestroika fora do Brasil.

As cabeças por trás da Perestroika

Nome Tiago Mattos
Data de nascimento 10 de outubro de 1979
De onde é Porto Alegre, RS
Família Filho de pai engenheiro e consultor de inovação e mãe professora. Tem dois irmãos: Diego, estudante de economia na Universidade Federal do Rio Grande do Sul (UFRGS), e Daniel, formado em publicidade pela Pontifícia Universidade Católica do Rio Grande do Sul (PUC-RS), dono de um *crowdsourcing* de nudez
Formação Formou-se em publicidade pela PUC-RS, cursou mas não terminou um curso de *copywriting* na Miami Ad School e fez em curso de futurismo na Singularity University
Outros trabalhos Foi estagiário no *Jornal Movimentação*, na Gráfica Metrópole e na Elografia Propaganda. Também trabalhou em várias outras agências publicitárias do Rio Grande do Sul
Outras atividades Escreve letras de músicas, faz *mashups* e joga pôquer
Causa Transformar o mundo num lugar mais criativo e livre através da educação e do empreendedorismo

"Pílula inspiradora" para um empreendedor criativo
Quando você decide ser empreendedor, te tiram o chão. Mas também te tiram o teto.

Nome Felipe Anghinoni
Data de nascimento 3 de dezembro de 1977
De onde é Nasceu nos Estados Unidos e morou pouco tempo lá. Considera-se brasileiro
Família O pai é engenheiro agrônomo, pesquisador, cientista e professor da UFRGS. A mãe é engenheira química. Tem uma irmã, estudante de relações públicas. É casado e tem dois filhos: Nina, sete anos, e Bento, três.
Formação Terminou o segundo grau no Colégio Rosário e cursou publicidade e propaganda na UFRGS. Já acompanhou mais de trinta cursos da Perestroika
Outros trabalhos Entre 1998 e 2008, passou por várias agências de publicidade do Rio Grande do Sul e trabalhou na Live Ad
Outras atividades Já escreveu roteiro e participou como ator de um curta-metragem. Foi comediante do primeiro grupo de *stand-up comedy* do Rio Grande do Sul
Causa Gostaria que a Perestroika gerasse impacto no método de educação no Brasil. Acredita que algumas das metodologias da Perestroika poderiam ser aplicadas para educação pública e para várias outras idades (crianças, adolescentes, adultos em alfabetização etc.)

"Pílula inspiradora" para um empreendedor criativo
Muitos vão dizer para vocês que a vida é um jogo. A vida não é um jogo. A vida é uma dança.

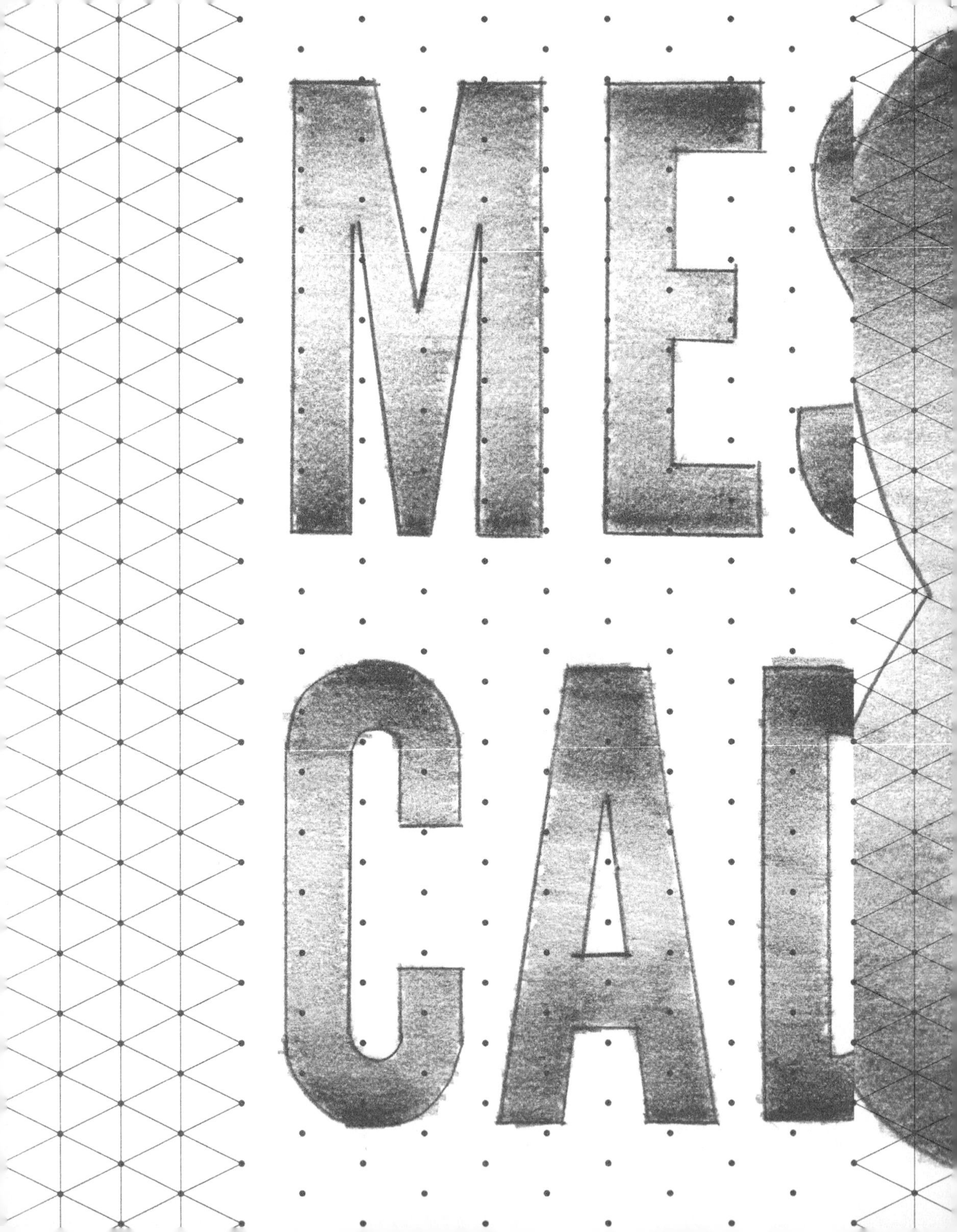

&
IRA

O QUE É

MESA &

NOME MESA & CADEIRA
O QUE É EMPRESA EM QUE SE APRENDE FAZENDO
FUNDAÇÃO OUTUBRO DE 2011
SÓCIA BARBARA SOALHEIRO
PROPÓSITO AJUDAR A INVENTAR O FUTURO DO MERCADO CRIATIVO

A EXPERIÊNCIA IDEAL DE TRABALHO O que faria você pagar para trabalhar? Talvez um projeto estimulante e desafiador, liderado por um profissional admirado e uma equipe multidisciplinar talentosa?

Essa é a proposta da Mesa & Cadeira, empresa idealizada pela jornalista Barbara Soalheiro. Desde 2011, quando começou a existir oficialmente, a Mesa & Cadeira vem promovendo em São Paulo workshops bem diferentes dos convencionais.

Um grupo entre doze e dezesseis pessoas com experiência no mercado de trabalho reúne-se em torno de um profissional de destaque. Desenvolve com ele um projeto real a partir de um briefing e, ao final, entrega um protótipo para apresentá-lo ao público ou uma solução para um problema trazido por uma empresa.

Nas mesas independentes, os participantes dedicam cerca de vinte horas, distribuídas em seis dias — os cursos acontecem em horários pós-expediente, aos sábados e domingos —, e investem em média 2 mil reais. É como pagar para trabalhar em um projeto dos sonhos, para ter a experiência profissional ideal. Quando a mesa é contratada por uma empresa, tem duração entre dois a cinco dias e custa em torno de 100 mil dólares.

Pense em um workshop e talvez você veja uma sala fechada e sem janela, com carpete bege, luz branca, cadeiras enfileiradas e aquele café fraco com pão de queijo frio nos intervalos. Esqueça essa referência. Alguns fatores fazem os workshops da Mesa & Cadeira passarem bem longe disso.

Há uma grande preocupação com a experiência que os integrantes terão durante os momentos de trabalho e com o fato de todos ali aprenderem fazendo, depois de errar, testar, errar de novo e achar uma solução prática para o problema. Além disso as pessoas que participam de cada mesa são escolhidas a dedo, para que o grupo seja eclético e complementar, multidisciplinar, com perfis e habilidades distintas, mas com alguma sinergia.

A seleção das pessoas é um dos principais fatores que torna a experiência tão interessante. Outro aspecto é a forma como Barbara, ou o líder de aprendizado, contribui na condução da dinâmica de cada trabalho. Por fim, o resultado de cada mesa. Os protótipos, produzidos juntamente com o líder, servem para testar ideias originais.

Cada encontro acontece em um endereço pensado de acordo com o perfil dos participantes, do líder convidado e do trabalho realizado pelo grupo. A arquitetura e a história do lugar têm alguma sintonia com o que está sendo realizado durante o workshop. Ao procurar esses lugares, Barbara vai atrás de endereços que seduzam por serem interessantes e bonitos e aonde as pessoas não costumam ir.

Outro detalhe é o cuidado com o que é servido aos participantes durante os dias de trabalho. Não tem frescura, mas precisa ser de boa qualidade, gostoso e verdadeiro. Frango de padaria já foi item do menu. Cupcake colorido, jamais seria.

São esses os pilares da empresa, e o principal serviço que oferece: aprendizado, vivência e a possibilidade de testar algo novo.

Seguindo os mesmos princípios, além das mesas independentes, desde março de 2013 a Mesa começou a promover workshops para empresas. Ao longo do ano, realizou três para a Natura, uma para o Google e duas para a Fiat. A diferença entre comprar o serviço da Mesa e o de um workshop comum é a entrega, segundo Barbara. O cliente apresenta um problema e o protótipo entregue é uma solução.

A Mesa ajuda na redação do briefing que irá conduzir o processo criativo do grupo. De acordo com o problema apontado traz ou não líderes de fora da empresa, e junto com o cliente seleciona as pessoas que participarão do workshop. Também entrega todo o conteúdo com o qual o grupo vai trabalhar, além do protótipo no final.

A inteligência da equipe da Mesa consiste principalmente em detectar o que é preciso fazer durante o processo para chegar ao resultado esperado. Não há uma fórmula pronta. Cada workshop é conduzido de acordo com o perfil do grupo, a proposta, o briefing específico.

Para Barbara, a Mesa & Cadeira surge em um momento em que o mundo está mudando em ritmo acelerado, onde vai ser cada vez mais difícil pensar em algo que ainda não tenha sido feito. Daí o desejo de ajudar a inventar o futuro do mercado criativo. Ela acredita que o melhor jeito de aprender é fazendo, e a ideia é dar aos participantes a oportunidade de criar projetos que não estão sendo testados no dia a dia das empresas ou mesmo por empreendedores. Usar a experiência de um grupo de profissionais com múltiplas habilidades em torno de um líder respeitado e "colocar para fora projetos que ajudem a empurrar o mundo para a frente".

Está dando resultado. A Mesa foi eleita em 2013 pela GOOD, empresa de mídia considerada uma das mais criativas, uma das cem instituições que estão ajudando a mover o mundo para a frente.

KIT DE SOBREVIVÊNCIA E PLATAFORMA COLABORATIVA

Patrick Waterhouse e Cosimo Bizzarri, diretor criativo e editor-executivo da *Colors*, sentaram à cabeceira de uma das mesas independentes promovidas pela empresa de Barbara.

A revista, referência de criatividade no meio de comunicação, é produzida no Centro de Pesquisa em Comunicação, a Fabrica, financiado pela Benetton, na Itália. Os dois líderes da Mesa, Waterhouse e Bizzarri, desenvolveram com o grupo formado por jornalistas, editores, designers e ilustradores um kit de sobrevivência para São Paulo.

Além de ser um produto editorial, com textos e fotos, o kit vinha acompanhado de vários objetos e dicas como, por exemplo, pessoas que você precisa conhecer na cidade e um mapa. Foram produzidas sessenta unidades, todas vendidas no mesmo dia. Para a produção do material, o grupo passou cerca de uma semana trabalhando em uma casa no centro antigo de São Paulo, com pé-direito alto, janelas grandes e chão de taco, onde funciona a revista *Amarello*.

Um playground infinito, pensado para a creche São Miguel Arcanjo, localizada nos Campos Elísios, em São Paulo, foi o resultado de outra mesa, liderada pelo arquiteto croata Marko Brajovic. O encontro aconteceu em seu belo ateliê, no bairro de Perdizes. Faziam parte do grupo arquitetos, jornalistas, designers gráficos, designers de produto e empreendedores.

A ideia do playground infinito surgiu para que as crianças criem seu próprio jeito de brincar, sem brinquedos predefinidos. Elas inventam gangorras ou balanças a partir do que há no espaço físico. Além da idealização do playground infinito, foi elaborado um modelo de financiamento coletivo para viabilizar o projeto, levado a possíveis patrocinadores. A ideia foi parar no Catarse, plataforma de *crowdfunding* brasileira, para que as pessoas pudessem contribuir financeiramente.

Com o desafio de "fazer o bem de um jeito realmente bem-feito", o grupo que teve como líderes Casey Caplowe e Ryan MacInnes, cofundador e desenvolvedor da GOOD, inventou a plataforma colaborativa *do.good.is*. Uma ferramenta para descobrir, identificar e colaborar com grandes ideias. Plataforma em que você conta o projeto que está fazendo e tenta trazer gente interessada em ajudar não apenas financeiramente, mas com trabalho e sugestões.

Os participantes pensaram na concepção e no desenvolvimento da plataforma. Barbara conta que os líderes da GOOD estão interessados em ser menos uma produtora e mais uma agregadora de conteúdo e, por conta disso, a mesa foi para eles também um importante aprendizado. O grupo colocou a mão na massa para programar a plataforma, para que ela pudesse ir ao ar. Tudo em vinte horas dedicadas ao *do.good.is*. O encontro foi realizado onde está instalada a Webcitizen, empresa de engajamento político, em uma simpática casa na Vila Madalena, com salas com portas de vidro voltadas para um amplo gramado.

A partir de um briefing sobre cinco temas ligados à área de inovação nos quais a Natura poderia investir, saíram cinco pôsteres feitos por um artista, como resultado da primeira mesa com a empresa. A criação de uma plataforma de comunicação interna foi o projeto criado a partir de outro trabalho para a marca de cosméticos. Sentaram-se à mesa diretores com poder de decisão.

No workshop com o Google, em que Barbara atuou durante dois dias como líder de aprendizado, foi feito o desenho de um produto da empresa para a Copa do Mundo de 2014. Entre os catorze participantes estavam funcionários do Google, como programadores e desenvolvedores, pessoas da agência Wieden + Kennedy e profissionais da Nike.

Um dos trabalhos mais marcantes segundo Barbara foi uma espécie de mesa híbrida, com cara de independente, mas contratada pelo empresário Paulo Borges para o Movimento HotSpot, um prêmio de inovação e criatividade. O objetivo era produzir algo com os 54 finalistas de onze categorias diferentes.

Três grupos distintos foram organizados, cada um com um briefing e um líder: o estilista Alexandre Herchcovitch, o artista Speto e o diretor de arte Ideki, do estúdio Árvore.

A turma de Herchcovitch fez um desfile com um uniforme de um esporte inexistente, de um país inexistente. O grupo de Ideki fabricou objetos imaginados, como um soprador de sopa. Por fim, os liderados por Speto criaram fantasias étnicas com temas em torno do futebol. As fantasias também foram fotografadas e viraram estampa de camisetas.

Independentes, híbridas ou para empresas, todas as mesas têm a mesma filosofia: aprender fazendo, com um grupo multidisciplinar e multicultural, promover uma convivência enriquecedora, que ao final tenha em mãos um protótipo inovador, para levar dali conhecimento e incorporá-lo ao dia a dia.

FABRICANDO A MESA Em 2008, o primeiro embrião que deu origem à Mesa & Cadeira começava a ganhar vida. Barbara, a mineira formada em jornalismo pela Pontifícia Universidade Católica de Minas Gerais (PUC-MG), sorriso largo e cabelos bem curtinhos estava a caminho de realizar o sonho de trabalhar na Fabrica, o Centro de Comunicação da Benetton.

Deixava para trás a função de editora-executiva da revista *Capricho*. Dois anos antes, Barbara chegou a São Paulo depois de ser admitida no programa de treinamento para jovens jornalistas, o Curso Abril. O primeiro emprego na editora foi na *Superinteressante*. Acabou na revista para meninas adolescentes em um momento de grande reformulação editorial. Ali, foi crescendo até chegar ao cargo de editora-executiva.

Ao ir para a Itália, Barbara estava abrindo mão do cargo e do bom salário, mas não do namorado, Sérgio, também jornalista, que viria a ser o seu marido anos depois. Diante da viagem, os dois começaram a pesquisar algum curso para ele fazer na Europa. Procuraram várias opções, sem muito sucesso. Chegaram à conclusão de que nada parecia tão sedutor quanto o trabalho dele na redação de uma revista brasileira. Os desafios cotidianos e as tarefas que exercia eram mais interessantes do que os cursos que haviam encontrado.

Por conta da pesquisa malsucedida, Barbara começou a pensar em como seria um curso de curta duração com capacidade para atrair pessoas talentosas já empregadas e com experiência profissional. Nesse momento surgiu "um clique" que daria origem à Mesa & Cadeira.

Apesar de não achar um curso para o namorado, Barbara foi para a Fabrica e os dois continuaram o relacionamento à distância. No centro de comunicação da Benetton, ela encontrou um ambiente que reúne pessoas de vários lugares do mundo, com profissões e culturas diferentes em torno dos mesmos projetos. Pessoas brilhantes em suas áreas também são convidadas a dar cursos e palestras, como o fotógrafo Sebastião Salgado, o desenvolvedor de games Kevin Slavin e o arquiteto britânico Cameron Sinclair.

Mesa & Cadeira bebeu dessa fonte. Na época da Fabrica, Barbara começava a dar forma à ideia de ter algo parecido.

Como o centro fica em uma região tranquila da Itália, longe da agitação das grandes cidades, o grupo da Fabrica convivia além das cinco horas no trabalho. Era desses momentos, nos restaurantes e nos bares, que, para Barbara, saíam as melhores conversas. Lá ela conheceu Andy Cameron, à época diretor criativo da Fabrica, morto em 2012. Andy, que ocupou o cargo de diretor da Wieden + Kennedy de Londres — premiada agência de publicidade que tem a Nike entre seus clientes —, viria a ser o líder da primeira mesa.

De volta ao Brasil, Barbara foi trabalhar na agência de publicidade Cubocc, de Roberto Martini. Segundo ela, ali conheceu uma das equipes mais talentosas de profissionais com quem já trabalhou. Mas isso não foi suficiente para segurar a jornalista no emprego de publicitária. Ela saiu da agência três meses depois, no início de 2010. Resolveu então parar tudo para se dedicar às ideias do próprio negócio que borbulhavam em sua cabeça. Nesse momento, a Mesa & Cadeira já tinha nome.

Ao longo de quase um ano, Barbara desenvolveu como seria a empresa. Pensou no formato do workshop, sempre em volta de uma grande mesa capaz de acomodar as pessoas confortavelmente, em como seria o curso oferecido, para quem e qual o modelo de negócio. Planejou um orçamento em que deveria caber a vinda e a hospedagem de um ou mais líderes de outro país e os custos para bancar um projeto, o protótipo.

Na mesma época, ela reformava o apartamento em que mora até hoje com o marido, em Higienópolis, região central da cidade. A mesa da empresa foi inspirada na que tem em casa, desenhada pelo arquiteto Marko Brajovic. A vontade de tornar a experiência de quem faz o curso agradável vem daí. Barbara gosta de receber, de cozinhar para os amigos, de reuni-los em casa.

Em dezembro do mesmo ano, a jornalista foi para Londres encontrar o amigo Andy Cameron, com quem havia trabalhado na Fabrica. Na ocasião, foi a primeira vez que mostrou a ideia da empresa para alguém. O projeto não só estava pronto como já havia uma apresentação sobre ele. Ainda assim, o primeiro workshop só foi acontecer quase um ano depois.

Entre a ida a Londres e a primeira mesa, Barbara voltou a fazer alguns trabalhos como freelancer, apesar de achar que a empresa que tinha criado já podia começar a funcionar. Ela conta que não começou porque teve medo. Não de que as pessoas não comprassem a ideia, medo de não conseguir entregar.

É grande a promessa da Mesa & Cadeira. Implica em um voto de confiança tanto do líder como dos participantes. Para o líder é a de estar com pessoas talentosas e criativas e ter toda a estrutura para criar um grande projeto que levará sua assinatura. Para os integrantes do grupo, a de aprender depois de trabalhar com alguém brilhante, com quem poderão desenvolver um projeto importante. Disso depende o sucesso da empresa.

A decisão de finalmente promover o primeiro encontro aconteceu de supetão. Andy acabara de ser afastado da agência Wieden + Kennedy e Barbara enxergou ali o momento propício para convidá-lo a liderar o primeiro workshop. Ele, que já conhecia a proposta e tinha simpatia pela ideia, topou.

A MESA 1 Na primeira mesa, Barbara contou com a ajuda de uma sócia. Francesca Wade, amiga designer que conhecera na Fabrica e responsável pelo logo da Mesa & Cadeira. As duas começaram então a trabalhar juntas na produção do primeiro encontro. A italiana cuidava da experiência (comidas, o lugar, os detalhes para receber o primeiro grupo). Barbara ficava mais concentrada no aprendizado.

Entre 9 e 14 de outubro de 2011 foi realizada a primeira mesa, no ateliê do arquiteto Marko Brajovic. Giuliana Tatini, jornalista da Abril, comprou a cadeira número 1 da mesa 1. Roberto Martini, com quem Barbara havia trabalhado na agência Cubocc, comprou mais cinco para alguns de seus funcionários participarem do curso. Graças a ele, a primeira edição do workshop não teve prejuízo. Foram vendidas dez cadeiras a pouco menos de 2 mil reais. Outras duas, Barbara deu de presente.

Na cabeceira, Andy Cameron, o líder, propôs ao grupo refletir sobre o fato de que houve um tempo em que algumas pessoas criavam e outras consumiam. Agora, vivemos uma época em que todos são autores. Como isso afeta a vida de quem é produtor de conteúdo?

"Como fazer a colaboração funcionar a seu favor e não contra você" foi o tema do projeto de *second screen* desenvolvido na mesa. *Second screen* é o termo usado para se referir a um aparelho móvel, como iPhone ou iPad, usado pelo telespectador enquanto assiste à TV, para comentar nas redes sociais aquilo que está vendo. Pesquisas apontam o crescimento no número de pessoas que se relacionam com mais de uma mídia simultaneamente.

Diferentemente dos workshops que vieram depois, em vez de um foram feitos quatro protótipos, todos relacionados à TV: Big Brother Brasil Brokers, uma bolsa de valores feita a partir do reality show "Big Brother"; a plataforma Globo Style, para aproximar mulheres das roupas preferidas que aparecem nas novelas; Novela Quiz, um game com o desfecho de conflitos das novelas; e O Melhor e o Pior do Brasil, para os espectadores do programa de entretenimento da Record "O Melhor do Brasil" interagirem com a atração.

Depois da estreia, cujo resultado foi positivo na avaliação da idealizadora, Barbara fez alguns ajustes. Aderiu à sugestão de Andy de sempre apresentar o resultado do workshop ao público. Eles convidaram diretores de agências, jornalistas e publicitários para ver o conteúdo inventado para *second screen*. A prática de apresentar os projetos foi incorporada a todos os encontros. Algumas das apresentações aconteceram em endereços como o Museu da Imagem e do Som (MIS) e as galerias Zíper e Mendes Wood, em São Paulo.

No mesmo mês da primeira mesa, Barbara recebeu a notícia de que havia ganhado uma bolsa para escrever um livro. Paga pela Unesco, quem recebe pode escolher um lugar do mundo para passar alguns meses e não tem compromisso de no final entregar um trabalho pronto. A jornalista passou três meses na Índia escrevendo uma obra de ficção. Inspirado na época em que estava na Fabrica, o livro ainda não foi concluído.

De volta ao Brasil, uma empresa manifestou interesse em fazer um workshop para gerentes de marketing. Como só tinha feito uma mesa, Barbara teve a nítida sensação de que não deveria aceitar a proposta. Para ela, não existia a menor chance de uma empresa já estar comprando o que ela realmente gostaria de vender. Pela sua percepção, ninguém entendia direito do que se tratava aquilo. Nem mesmo

Martini, que comprou cinco cadeiras da primeira edição. Ele confessaria a ela mais tarde que só foi compreender claramente o propósito da empresa na terceira mesa. Não só compreendeu como depois apostou no negócio.

Se para a jornalista a recusa era clara, a sócia não compartilhava da mesma opinião. Por conta disso, as duas fizeram a segunda mesa juntas, realizada em março de 2012, e decidiram desfazer a sociedade em seguida (apesar de a união nunca ter sido formalizada).

No entanto, Barbara conta que sabia que tinha nas mãos uma "vaca leiteira", que, depois de produzir leite, produziria queijo e outros produtos adaptados para o mercado. Mas tudo a seu tempo.

NO COMEÇO, "FAMILY, FRIENDS AND FOOLS" Com baixo risco financeiro e sem custos fixos altos, a Mesa & Cadeira conseguiu operar no azul desde que nasceu. Os gastos para cada workshop são principalmente para bancar a vinda e a hospedagem dos líderes no Brasil, o aluguel do local onde será realizado, o investimento para execução do protótipo desenvolvido e a equipe.

No início de 2013, Barbara vendeu parte da Mesa, menos de 20%, para Roberto Martini. Com o acordo, a Mesa deixava de ser um "hobbie promissor" para virar um bom negócio. Barbara usa alguns departamentos do grupo Flag, do qual Martini é dono, como o jurídico, por exemplo, e o de comunicação. Da parceria, vieram os clientes das mesas corporativas, que já trabalhavam com Martini. Ele que colocou Barbara em contato com a Natura e o Google. Também foi Martini quem ajudou a precificar as mesas corporativas.

Atualmente, Barbara conta com duas funcionárias: Ligia Giatti, designer de metodologia, que cuida também da liderança de aprendizado, e Denise Saito, líder de experiência, ou seja, responsável pelo espaço dos cursos, pelo design de todo o material, pela comida que será servida. Para Barbara, a importância do design é cada vez maior, já que ele funciona "como a inteligência visível". O líder de aprendizado, por sua vez, é um "fazedor", uma pessoa criativa, com capacidade de conduzir bem o processo de cada trabalho.

Com os workshops para empresas, a Mesa chegou ao fim de 2013 com um "faturamento gordo", como conta Barbara. Hoje em dia, ela consegue viver do negócio que criou. Mas nem sempre foi assim.

Em seu primeiro ano de vida, a Mesa & Cadeira contou com o modelo de patrocínio chamado nos Estados Unidos de três efes — *family, friends and fools* [família, amigos e tolos] — para poder acontecer.

Muitos frequentadores dos encontros eram da enorme rede de relacionamento de Barbara e acreditavam na proposta do empreendimento. No início, Barbara também contou com o apoio do marido para não se preocupar com as contas do dia a dia, além de compartilhar com ele ideias e sugestões para os workshops. Também contou com os conselhos da família de empreendedores e administradores para conduzir os negócios.

Uma dica importante do irmão, o administrador André Soalheiro, que Barbara guarda e respeita rigorosamente é cuidar do fluxo de caixa. No caso das mesas independentes, as cadeiras pagas com antecedência têm desconto.

Mas além de usar o modelo dos três efes no início da Mesa, ao longo da carreira Barbara se preparou para poder ficar um tempo sem receber salário, dica que dá para todo empreendedor. Ela economizou dinheiro enquanto trabalhava como funcionária contratada e atribui a isso o fato de sempre ter usufruído de certa liberdade. O aprendizado está em uma lista de coisas importantes que mantém até hoje — que vão desde "sutiã vermelho é o melhor para usar embaixo de roupa branca" até "economize ao menos dez por cento do seu salário todo mês".

Em 2014, a Mesa deve promover apenas três mesas independentes e "quantas mesas corporativas puder", de acordo com Barbara. Para isso, além da equipe de três pessoas fixas, deve usar mais um importante patrimônio da Flag: os talentos da casa. No final de 2013, aconteceu em Minas a primeira mesa sem a participação de Barbara. Com o nascimento de seu primeiro filho, ela ficou um breve período de licença-maternidade.

Na ocasião, Barbara testou um novo formato, o de colocar um líder de experiência específico para o trabalho. O escolhido foi Keid, o publicitário fã das caixas da Inesplorato, que trabalha com Martini. A experiência deu certo e Barbara pretende replicar o modelo em outras ocasiões, aproveitando o banco de talentos do grupo em que está inserida.

Além disso, a Mesa vai ter um endereço fixo, já que estará junto com a Flag na nova sede da empresa na Vila Madalena, em São Paulo, mesmo lugar para onde está indo a Mandalah.

Outra missão para um futuro próximo é a criação de um novo produto. Uma ideia que já está começando a ser desenhada é uma espécie de Pocket Mesa. Um workshop pré-montado, curto, que o cliente compra pronto. A ideia é terminar 2014 com ao menos um novo produto. Barbara também está de olho no mercado internacional.

Mesmo diante do crescimento iminente, a Mesa & Cadeira não tem a pretensão de se tornar uma empresa muito grande. Quer continuar leve, sem custos fixos altos, do tamanho certo para caber de forma sustentável no futuro do mercado criativo. No que depender de Barbara, um lugar que valoriza o design, a arquitetura e as relações de trabalho verdadeiras e transparentes, com mesas confortáveis, frango de padaria e repleto de *makers*, aqueles que fazem acontecer e aprendem fazendo.

GOOD: Empurrando o mundo para frente

Criado em 2006 por Ben Goldhirsh, o grupo de mídia Good Worldwide nasceu com o propósito de "empurrar o mundo para frente", de olho em uma geração "que dá a mínima".

É composto por uma revista trimestral, a GOOD *Magazine*, e uma plataforma colaborativa, *good.is*. A revista conta com um belo design e a cobertura de assuntos diversos como política, cultura, urbanismo, arquitetura, educação e meio ambiente.

O objetivo da plataforma é conectar pessoas e promover soluções para problemas do mundo moderno. Tem como pilares "fazer", "promover" e "conectar".

A GOOD vem apostando em ferramentas e nas redes sociais para reunir uma comunidade "do bem", disposta a trabalhar em nome de boas causas.

O grupo também organiza eventos em torno de temas como criatividade e sustentabilidade.

Casey Caplowe, um dos líderes da quarta edição da Mesa & Cadeira, Zach Frechette e Max Schorr são cofundadores da GOOD, que tem sedes em Los Angeles e Nova York.

A cabeça por trás da Mesa & Cadeira

Nome Barbara Soalheiro
Data de nascimento 15 de julho de 1980
De onde é Belo Horizonte, MG
Família Os pais construíram uma rede de lojas de roupas, que só vende atacado, e têm dezenas de lojas em Belo Horizonte e São Paulo. São o caso clássico de *self-made couple*, que não tinha nada ("Minha mãe morou por dez anos numa favela em Belo Horizonte", conta Barbara) e acabou enriquecendo. Tem três irmãos. Um de 33, um de 32 e um de doze. O de doze anda muito de skate, o de 32 é diretor do grupo. O de 33 é especialista em marketing esportivo
Formação Jornalista, formada pela PUC-MG. Estudou na Universidad Complutense de Madrid, fez um ano de colegial na Cressex School, na Inglaterra, e de 2008 a 2010 trabalhou na Fabrica, o Centro de Comunicação da Benetton
Outros trabalhos Trabalhou como editora na revista *Superinteressante* e como diretora de redação na revista *Capricho* (onde liderou uma reforma editorial que fez as vendas da revista dobrarem em um ano). Foi editora-chefe da *Colors*, revista criada por Oliviero Toscani e Tibor Kalman, produzida na Fabrica. Trabalhou como diretora de criação na Cubocc e mais tarde passou pela AgênciaClick, antes de se dedicar 100% à Mesa & Cadeira
Outras atividades Viaja, cozinha com frequência, lê e escreve. Ganhou o prêmio Jabuti pelo livro *Como fazíamos sem* (Panda Books, 2006), adotado pelo Programa Nacional do Livro do governo federal. Recebeu a bolsa Unesco-Aschberg para escrever um livro de ficção
Causa Incentivar o talento e a paixão por fazer

"Pílula inspiradora" para um empreendedor criativo

A primeira é sem dúvida: "Just run and jump!". *A autora é uma menina de uns nove anos. Em 2006, eu estava em férias na Croácia, onde um dos passatempos mais comuns no verão é ficar saltando de pedras ao mar. Eu estava sentada em cima de uma pedra, assistindo um monte de crianças pularem, mas não tinha tomado coragem. Daí essa menina de uns nove anos olhou pra mim e, do nada, disse:* "Are you afraid?". *Eu respondi:* "Aham!", *e ela:* "Just run and jump!". *Ela falou isso, correu e pulou. Lá de baixo, olhou pra cima e repetiu.* "Just run and jump!". *Eu pulei. E depois disso "pulei" muitas outras vezes na vida. Muitas vezes, quando você está construindo um novo negócio, tudo o que você precisa é correr e pular. A maior parte dos problemas que você imagina que terá, simplesmente não existe. No lugar deles, há um monte de problemas que você nem imaginou. E você só vai descobri-los quando começar a fazer. Então pare de enrolar e comece logo.*

A segunda é um clássico: trabalhe duro. Mesmo. Eu não conheço nenhum outro jeito de construir algo duradouro e saudável.

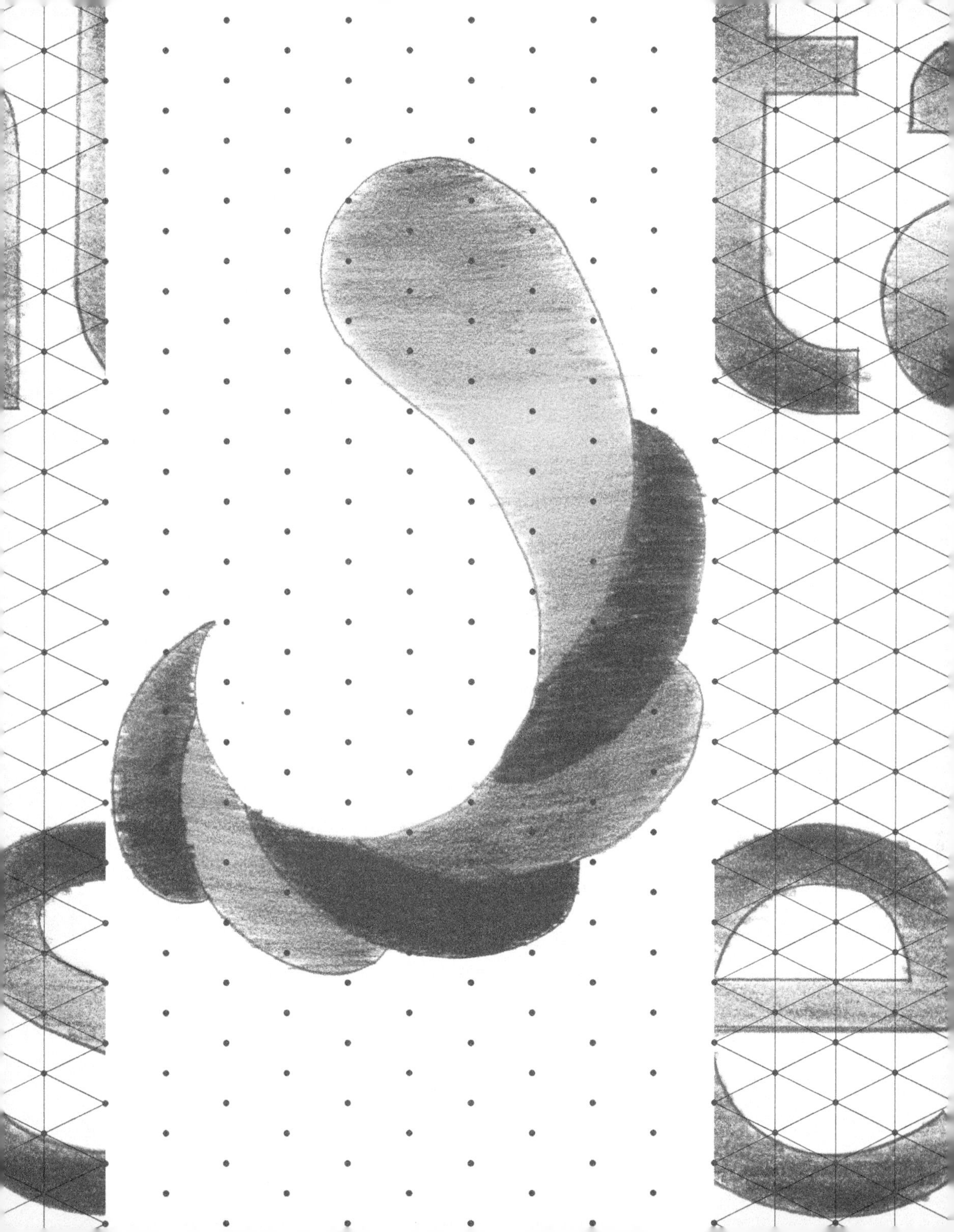

CATARSE

O QUE É

NOME CATARSE
O QUE É PRIMEIRA PLATAFORMA DE *CROWDFUNDING* PARA PROJETOS CRIATIVOS NO BRASIL
FUNDAÇÃO JANEIRO DE 2011
SÓCIOS DIEGO BORIN REEBERG, LUÍS OTÁVIO FELIPE RIBEIRO E RODRIGO MAIA
PROPÓSITO AJUDAR A VIABILIZAR PROJETOS CRIATIVOS

A SOFISTICAÇÃO DA VAQUINHA Descobrir como tornar uma cidade melhor para seus habitantes era o objetivo da jornalista Natália Garcia. Em busca da resposta, ela pretendia rodar o mundo e morar um mês em doze cidades diferentes, escolhidas pelo planejamento urbano pensado para o bem-estar das pessoas.

Gustavo Carneiro queria conectar jornalistas como ele a fontes de informação e personagens. Ele tinha a ideia de criar uma plataforma colaborativa, o *ajudeumreporter.com.br*, para facilitar a pesquisa para a produção de reportagens.

Já Juliana Vicari pretendia mostrar ao público o que ela e outras bailarinas do Grupo Experimental de Dança de Porto Alegre haviam criado: um espetáculo chamado Pulp Dance, inspirado na obra do cineasta Quentin Tarantino.

Em comum — além de uma ideia na cabeça e pouco dinheiro no bolso — os três foram pioneiros em conseguir transformar os projetos em realidade graças à primeira plataforma de *crowdfunding* para projetos criativos no Brasil, o Catarse. Junto com outras iniciativas, a viagem, o site e o espetáculo foram os projetos de estreia do Catarse, lançado em 17 de janeiro de 2011. Natália conseguiu 25 785 reais dos 25 mil que pediu. Carneiro arrematou 15 695 reais dos 15 mil que precisava e Juliana, com os 4 mil reais que arrecadou, pôde apresentar seu espetáculo ao público.

As plataformas de *crowdfunding* sofisticaram a vaquinha, prática em que pessoas contribuem voluntariamente com a quantia que quiserem para o sucesso de alguma empreitada. O Catarse se propõe a isso: ser um espaço de troca para viabilizar ideias e projetos criativos.

Os requisitos para que qualquer um possa registrar sua ideia são simples. O projeto deve ser criativo, ter começo, meio e fim, gerar algum benefício coletivo e não ser em nome de uma questão individual e oferecer recompensas não financeiras para quem apoiar aquela ação. As recompensas variam de acordo com o valor da contribuição.

Por exemplo, uma banda mineira arrecadou mais de 20 mil reais para a produção de seu novo disco. Quem contribuísse com trinta reais, ganhava uma cópia do CD. Quem desse 350 reais receberia uma cópia do CD, um par de ingressos para o show de lançamento e faria uma visita à gravação com a presença dos músicos em Belo Horizonte.

Antes de enviar um projeto ao Catarse, algumas perguntas na página do site ajudam o autor a se certificar de que ele tem uma ideia adequada para estar ali. Perguntas como: O que te inspirou a fazer o projeto? Qual é o foco? Como você pretende usar sua rede de contatos para divulgá-lo? Como o dinheiro recebido será usado?

Depois de inscritos, os projetos chegam à equipe do Catarse, que analisa, seleciona e dá dicas de como o autor pode melhorar a ideia para que ela caia no gosto do público. Uma vez selecionado, o projeto entra no ar e passa a ser divulgado — tanto pelo site do Catarse como pela rede de contatos do autor, por meio do Facebook, Twitter e blogs.

A intenção é envolver o maior número de pessoas possível para que a ação seja financiada. Todas elas têm um prazo de no máximo sessenta dias para angariar o dinheiro necessário. O Catarse cobra, apenas dos projetos bem-sucedidos, 13% do que é arrecadado. As colaborações são feitas por cartão de crédito ou boleto bancário. No caso dos projetos não financiados, ninguém ganha nada, nem o Catarse, nem o autor, e os apoiadores podem usar o crédito para contribuir com outras ideias inscritas na plataforma ou receber seu dinheiro de volta.

Como serviço, o Catarse oferece fazer o meio de campo entre o autor do projeto e quem tiver interesse em contribuir com ele: aproximar as duas partes, intermediar a transação financeira e ajudar na divulgação da ação. Tudo isso sem burocracia, de forma simples e fácil.

Sendo assim, foi-se o tempo em que a falta de patrocínio, pelo menos para projetos de pequeno porte, era motivo para desistir de uma boa ideia.

Em setembro de 2013, o Catarse bateu a marca dos 10 milhões de reais arrecadados em incentivos. A conquista se deu por conta do aumento no número de apoiadores, do valor das contribuições e dos projetos inscritos. Em 2011, foram cerca de 15 mil apoiadores que deixaram no Catarse uma contribuição com média de 105 reais. No ano seguinte, o número de apoiadores foi para pouco mais de 37 mil. Em 2013, eles chegaram a 40 mil, com doações de 113 reais em média. No ano em que foi lançado, o Catarse teve 270 projetos inscritos, enquanto em 2013 foram mais de quinhentos. Até outubro de 2011, o Catarse trabalhava com no máximo trinta projetos. Um ano depois, já lidava com até cem ao mesmo tempo, ou seja, mais que o triplo. Quando entrou no ar, o site tinha cinco projetos inscritos.

Desde então, o termo *crowdfunding* vem se popularizando no Brasil, embora os números por aqui ainda sejam modestos se comparados a outros países, como os Estados Unidos, onde as plataformas de financiamento coletivo são bastante conhecidas e utilizadas.

O público também é diferente. O apoio dos brasileiros se dá principalmente em áreas culturais ou a projetos que têm alguma causa social. Em outros países, é comum o financiamento de produtos na área de tecnologia.

O Catarse foi o pioneiro em financiamento de projetos criativos no país, mas atualmente há várias outras plataformas brasileiras. Algumas delas são de categorias específicas como o Queremos, para financiamento de shows de música internacionais, ou o Cultivo, para projetos com lei de incentivo fiscal, como a Lei Rouanet.

A ideia do Catarse não é original. Foi inspirada no americano Kickstarter, site que virou referência de *crowdfunding* no mundo. A perspicácia dos sócios da empresa que trouxeram a ideia para cá foi conseguir desenvolver a plataforma, adaptá-la ao mercado brasileiro e fazer o conceito emplacar em território cuja prática do financiamento coletivo até então era pouco conhecida.

KICKSTARTER MADE IN BRASIL Diego e Luís se conheceram na faculdade de administração da Fundação Getulio Vargas (FGV-SP). Junto com outros amigos do curso, começaram a pensar em ter um negócio próprio e não enveredar naquele universo de planilhas e teorias ao qual estavam sendo apresentados na sala de aula. Queriam seguir por outro caminho.

Pesquisaram em blogs e sites sobre iniciativas interessantes que se transformaram em negócio em outros países. Marcaram uma reunião para que cada um trouxesse uma sugestão de algum site, ou de uma plataforma que tivessem visto e pudesse ser adaptada ao mercado brasileiro. Luís tinha conhecido o Kickstarter no dia anterior ao encontro e apresentou a plataforma aos amigos.

Parecia relativamente simples fazer algo semelhante no Brasil. As características da plataforma se enquadravam no que desejavam os estudantes: oferecer uma ferramenta para quem tem boas ideias e ativar uma rede de pessoas em torno daquela ação. Na reunião, realizada em abril de 2010, o grupo decidiu desenvolver uma versão brasileira do Kickstarter.

Os próximos passos foram investigar o que era necessário para abrir uma empresa e conversar com programadores e desenvolvedores para entender como fazer a plataforma. A primeira tentativa foi malsucedida. Os meninos pagaram 2 500 reais por um serviço que não deu certo. A pessoa contratada para pensar no desenvolvimento da ferramenta não entregou o que precisavam e nenhum deles sabia programar.

Enquanto procuravam uma pessoa de tecnologia, Luís e os outros amigos resolveram fazer um intercâmbio na Europa, em julho. Nos três meses seguintes, o grupo foi se desmantelando: um resolveu empreender em uma área que desse mais dinheiro, o outro decidiu passar um tempo na França.

Diego, de São Paulo, e Luís, da Europa, continuaram pesquisando sobre *crowdfunding*. Os dois liam em blogs sobre como as plataformas funcionavam em outros países, tentavam entender melhor o modelo de negócio, estudaram sobre empreendedorismo. O uso das ferramentas on-line, tanto para a pesquisa como para a conexão com gente interessada nas plataformas colaborativas, foi fundamental para a existência do Catarse.

Durante a pesquisa, Diego encontrou um blogueiro de Santa Maria, Rafael Zatti, que escrevia sobre *crowdsourcing*, conceito um pouco mais amplo, onde o desenvolvimento de um produto é coletivo, com troca de conhecimento. Entrou em contato com ele para contar que estava interessado em desenvolver no Brasil uma plataforma de financiamento colaborativo. Assim os dois se apresentaram.

Pouco tempo depois, Rafael participava de um evento sobre empreendedorismo em Porto Alegre e, em uma roda de conversa, mencionou *crowdfunding*. A palavra despertou o interesse do gaúcho Daniel Weinmann, que viria a ser um dos fundadores do Catarse. Foi Rafael quem colocou Daniel em contato com Diego, o garoto que havia se apresentado a ele para contar que queria desenvolver uma plataforma de *crowdfunding* no Brasil.

Diego conta que a primeira conversa com Daniel foi por Skype. Naquela época, Daniel era sócio na empresa de desenvolvimento de software Softa, que mais tarde se tornaria a Engage. Morava em Porto Alegre, dançava tango e também estava interessado em desenvolver uma plataforma de *crowdfunding*.

Uma semana depois, no começo de outubro de 2010, Diego e Daniel se encontraram em São Paulo. Diego lembra que o que era para ser um papo para "reconhecimento de área" entre duas pessoas que poderiam vir a trabalhar juntas virou uma longa conversa.

Resolveram arregaçar as mangas e começar a trabalhar para trazer o *crowdfunding* para o Brasil. Decidiram que fariam a coisa acontecer. Os dois participaram juntos, duas semanas depois, de um evento sobre a linguagem de programação usada pelo Catarse.

Como a possibilidade de concretizar o projeto se aproximava, Diego procurou os outros amigos da FGV, aqueles que estavam presentes na reunião em que o Kickstarter virou fonte de inspiração para o grupo. Ele queria saber se nenhum deles iria participar do novo negócio. Todos pularam fora. Agora eram Daniel, Diego e Luís, que ainda estava na Europa fazendo intercâmbio.

Diego conta que no dia 6 de novembro de 2010, ele e Luís receberam um e-mail de Daniel sobre a criação do blog Crowdfunding Brasil, para ser alimentado com informações sobre o tema. A outra novidade era que a plataforma, ainda sem nome, tinha começado a ser programada.

Com o título Kickstarter made in Brasil, o primeiro post do blog foi assinado por Diego. Ele apresentava a plataforma de *crowdfunding* que estavam desenvolvendo. Sem medo de revelar a ideia, os três queriam antecipar e trazer o assunto à tona. Maior do que o receio de que algum concorrente pudesse aparecer, tinham a intenção de transformar o blog em um fórum sobre o tema. Diego lembra-se de que naquela época, quem pesquisasse em português sobre *crowdfunding*, encontraria pouquíssimos links no Google.

Diego começou a escrever frequentemente no blog. Também ficava no Twitter, pesquisando toda e qualquer referência sobre *crowdfunding*. Nenhum brasileiro que usasse ou citasse a palavra passava despercebido. Diego entrava em contato com cada um. Mandava uma mensagem, enviava o link do blog, contava o que estavam fazendo. Quem tivesse algum interesse sabia onde encontrar conteúdo sobre o assunto.

No final de 2010, Luís ainda estava na Europa e aproveitava para analisar projetos bem-sucedidos de outras plataformas. Diego, além de escrever no blog, cuidava das questões legais para abrir uma empresa.

Na época, a jornalista Natália Garcia, que escrevia uma reportagem sobre *crowdfunding* para uma revista, entrou em contato com o Catarse. Seu projeto sobre cidades pensadas para pessoas acabou inscrito na plataforma.

A bailarina e namorada de Daniel, Laura, também inscreveu o espetáculo de dança de sua companhia no Catarse para arrecadar verba para três dias de apresentação. Ela e a bailarina Juliana Vicari colocaram o projeto no site. Os outros três vieram pelo blog. Além do jornalista Gustavo Carneiro, do site Ajude um Repórter, um grupo de Goiânia usou a plataforma para viabilizar sua ideia — a primeira do Catarse a ser financiada.

Os idealizadores da Rabiscaria, loja virtual para a produção e venda de produtos que levam a assinatura de designers, artistas ou amadores, precisavam de 22 mil reais para fazer a primeira leva de objetos. Arrecadaram 23 mil.

O quinto projeto inscrito e o único não financiado era para a edição de um livro sobre uma história de amor, de Ibrahim Cesar. Ele recebeu 650 reais dos 5 mil que pediu.

O lançamento da plataforma foi acompanhado por comunidades virtuais e leitores do blog Crowdfunding Brasil. Também foi tema de algumas reportagens na TV e em jornais sobre o negócio completamente novo que começava a aparecer por aqui. O fato despertou a atenção da mídia, o que contribuiu na divulgação da ferramenta. Apesar disso, o sexto projeto só entraria no site quase um mês depois.

O CATARSE E A MULTIDÃO Antes de o Catarse ir ao ar, seus idealizadores receberam um e-mail dos irmãos cariocas Rodrigo e Thiago Maia. Jornalista, Rodrigo havia feito sua tese de conclusão de curso sobre *crowdfunding*. Os dois também eram fãs do Kickstarter. Junto com outros amigos, Andrei e Pedro, estavam desenvolvendo algo muito semelhante ao que pretendiam fazer os fundadores do Catarse. Os irmãos chegaram até o trio pelo blog Crowdfunding Brasil e queriam conhecer melhor as ideias dos empreendedores. Eles chegaram a conversar, mas ao final do papo cada um seguiu seu caminho.

Quando o Catarse já estava no ar, em março, um vídeo sobre *crowdfunding* virou hit na web. Junto com ele, um blog que tratava do tema foi lançado e anunciava a chegada de mais uma plataforma colaborativa, chamada Multidão. Antes mesmo de a ferramenta ir ao ar, a página da Multidão no Facebook tinha mais "likes" que a do Catarse, que já funcionava havia dois meses. O conteúdo de qualidade, a audiência do vídeo e a popularidade no Facebook chamaram a atenção dos sócios do Catarse. Por trás da Multidão, estavam os meninos do Rio.

Os sócios do Catarse procuraram os cariocas e dessa vez a conversa rendeu frutos. Os dois irmãos eram bons em estratégia de comunicação, tinham uma ótima rede de contatos, mas estavam com dificuldade para programar a plataforma, mesmo problema enfrentado pelos fundadores do Catarse no início. Estavam contratando programadores da Índia para desenvolver o site, mas o trabalho não caminhava bem. Já do lado do Catarse, tanto a área de administração como a de tecnologia estavam resolvidas, mas eles precisavam melhorar na parte de comunicação.

Decidiram unir forças e se juntar. No mês seguinte, abril de 2011, depois da conversa à distância, os fundadores do Catarse foram para o Rio selar o acordo. O código do site do Catarse foi usado para fazer o da Multidão. Houve um impasse sobre manter ou não as duas marcas. Por algum tempo, os dois sites funcionaram simultaneamente, usando a mesma plataforma. Mais tarde, os projetos acabaram migrando todos para o Catarse e o site Multidão, fundindo-se a ele.

Nessa época, Diego tentava colocar em ordem as questões burocráticas da empresa. Com a junção da Multidão, a mudança societária acabou adiando um pouco mais a assinatura do contrato. Outra movimentação importante foi a saída gradual de Daniel do dia a dia do Catarse. Foi acertado que a Engage, empresa da qual era sócio, receberia para que ele pudesse continuar por mais seis meses no Catarse.

A relação entre Catarse e Engage mantém-se até hoje. O responsável atual pela área de tecnologia do site, Diogo Buaiz, é sócio das duas empresas.

Da experiência, Diego conta que ficou o aprendizado. Se por um lado os fundadores da empresa nunca se preocuparam em formalizar tarefas e competências de cada um, assim como participação societária, hoje ele sente que alguns ruídos de comunicação poderiam ter sido evitados se houvesse mais clareza sobre divisão de responsabilidades. Mas, no começo, relembra, sem nenhuma experiência em gestão, aprenderam no tapa, cometendo erros e perdendo algum dinheiro com isso.

PRÓ-LABORE DE ACORDO COM A NECESSIDADE Quem anda pela rua Inácio Pereira da Rocha, na Vila Madalena, em São Paulo, pode passar batido pelo número 25. Localizado entre uma esquina e uma tradicional pizzaria da região, não parece que a porta estreita vai dar em um escritório.

No sobrado, trabalham quatro pessoas do Catarse e outros profissionais dividem o espaço, uma espécie de *hub*, local de trabalho compartilhado por pessoas ou empresas de áreas diferentes. A média de idade não vai além dos 25. O ambiente é totalmente informal. Durante a tarde de uma terça-feira, ouvia-se o som de alguém tocando violão.

É dali que Luís Otávio Felipe Ribeiro passa algumas horas do dia analisando os e-mails de quem pretende inscrever seu projeto na plataforma. Magro, de olhos claros e cara de menino, o mineiro de Uberaba é cofundador do Catarse. Ele lê os e-mails que chegam e responde em um prazo de até quatro dias úteis. A maioria das ideias excluídas é de gente que pretende arrumar dinheiro para objetivos, digamos, bem individuais. Como comprar um game ou um iPhone. Em outras palavras, aqueles que confundem *crowdfunding* com ganhar dinheiro fácil na internet.

Para os projetos selecionados a entrar no ar, o trabalho de Luís também implica em ajudar a formatar melhor as ideias que serão divulgadas no site para que elas tenham mais chance de sucesso. Só quando o projeto é financiado, o Catarse ganha sua comissão.

No mesmo ambiente, o paranaense de Paranavaí, cidadezinha localizada a quinhentos quilômetros de Curitiba, Diego Reeberg dedica a maior parte de seu tempo para cuidar das questões financeiras, burocráticas e jurídicas do Catarse. Com jeito tranquilo, usando tênis e camiseta branca despojada, ele explica, por exemplo, que só agora vão conseguir deixar em ordem toda a papelada do contrato social da empresa.

No endereço da Vila Madalena, além dos sócios Diego e Luís, também ficam Renato, Luciana, Beatriz e Caio. As outras pessoas que formam a equipe do Catarse, quinze no total, estão espalhadas entre outras três cidades: sete no Rio de Janeiro, uma em Porto Alegre e uma em Pedro Leopoldo, em Minas. O outro sócio, o jornalista carioca Rodrigo Maia, fica no Rio. De lá, cuida da área de comunicação e, como Luís, da curadoria dos projetos. O responsável pela área de tecnologia, e um dos sócios da empresa de desenvolvimento de software Engage, o gaúcho Diogo Biazus, também mora no Rio. O estagiário Adriano fica em Porto Alegre. Ton, o programador, é quem trabalha de Pedro Leopoldo, localizada a pouco mais de quarenta quilômetros de Belo Horizonte. Ele tem a própria empresa e presta serviços para o Catarse. Nas poucas vezes em que todos conseguem se reunir, o encontro vira um evento.

O Catarse tem uma forma particular de remunerar os sócios. O critério vai de acordo com a necessidade de cada um. Rodrigo é o mais velho dos três. Casado, mora em um apartamento alugado com a mulher. Tira por mês quase o dobro que os outros sócios. Luís recebe um pouco mais que Diego, porque paga suas despesas, mas os pais o ajudam com o aluguel. Diego, que mora em um apartamento comprado pelos pais e aluga um dos quartos para ter uma renda mensal extra, é o que recebe menos. Nada disso está em contrato ou formalizado. É o acordo entre eles. Se as necessidades mudarem, todos estão abertos a rediscutir os valores.

Diego conta que isso é possível porque há um entendimento comum em relação ao empreendimento. Ninguém foi parar ali pensando em ganhar dinheiro rápido. Os três compartilham a ideia de ter um negócio que cresça o suficiente para remunerar bem seus funcionários e sócios, que gere impacto social, que tenha um propósito e seja divertido para quem trabalha. Não há pretensão de transformar o Catarse em uma empresa grande.

Mas ainda precisam aumentar o número de projetos bem-sucedidos para que a receita mensal cresça e possa remunerar melhor sócios e funcionários. O investimento inicial do Catarse foi em torno de 55 mil reais, divididos entre Diego e Luís. Os dois não tiraram salário no primeiro ano da empresa. Viveram com o "patrocínio" dos pais. Graças a essa situação é que conseguiram tocar o empreendimento.

Atualmente, cerca de 95% da receita do Catarse vem da comissão de 13% dos projetos bem-sucedidos. Os outros 5% são de cursos e palestras que os três sócios dão sobre *crowdfunding*.

De 2011 para 2012, a empresa cresceu 268% em relação à verba destinada a todos os projetos. Em 2011, o Catarse movimentou quase 1,5 milhão de reais. No ano seguinte, quase 4 milhões. Teve 263 projetos financiados e outros 239 que não foram bem-sucedidos. A maioria dos projetos, 70%, vem de três estados: São Paulo, Rio e Minas. Até o final de 2012, a comissão cobrada pela empresa era de 7,5%. A partir de 2013, passou a ser de 13%, por conta de problemas com cobranças das taxas de transação financeira que tiveram. Não existe no Brasil legislação nem regulamentação específica para esse tipo de negócio.

O sucesso de uma plataforma de *crowdfunding* depende da relação de confiança, tanto de quem está colocando o projeto no site, que vai mobilizar sua rede de contatos para tentar financiar uma ideia, como para os que irão fazer a sua contribuição por meio da ferramenta.

De acordo com estimativas da equipe do Catarse, 50% das contribuições vêm da rede de relacionamentos do autor do projeto. Outra parte, de quem fica sabendo da ideia e simpatiza com ela. O restante, dos entusiastas do *crowdfunding* que torcem para o modelo dar certo e fazem pequenas contribuições. Segundo Diego, cerca de 30% das ações registradas no site até hoje têm alguma ligação com os primeiros projetos que estrearam junto com a ferramenta e foram financiados. Amigos dos autores que indicam o site ou gente que é apresentada à ferramenta e acaba inscrevendo uma ação.

Quando surgiu, o Catarse já era aberto a todo o tipo de ideia. Mas acabou atraindo principalmente projetos da área cultural, de custo não muito alto, de até 50 mil reais. Ações que não precisam de muito dinheiro para virar realidade e por isso não compensa para o autor abrir um edital na tentativa de encaixá-lo em alguma lei de incentivo.

Só depois que o site estava no ar é que eles foram perceber que havia um espaço a ser preenchido. Que o apoio para produção cultural estava deficitário nesse segmento e isso representava uma boa oportunidade para o Catarse.

Os três projetos de maior arrecadação, todos da área cultural, receberam bem mais que 50 mil reais. O primeiro foi a gravação do primeiro DVD da banda Forfun, *Forfun ao vivo no Disco Voador*, com 187 mil reais. A série animada *As aventuras de Leca e seus amigos*, com personagens cadeirantes, conseguiu captar 148 mil reais. Em terceiro lugar está a verba para a produção do documentário *Belo Monte, anúncio de uma guerra*, sobre a construção da usina de Belo Monte, na Amazônia, com 140 mil reais.

Indo na contramão do que dizem os manuais para novos empreendedores, ao ir para a seara cultural, Diego e Luís estavam entrando em uma área com a qual não tinham a menor familiaridade. Até então, ambos formados em administração, queriam cuidar de um negócio que estivesse no ambiente digital, conectando pessoas através das mídias sociais e que tivesse algum impacto na sociedade.

MAIS QUE UMA PLATAFORMA DE *CROWDFUNDING* Diego, Luís e Rodrigo continuam sócios do Catarse. Diogo Buaiz juntou-se a eles na sociedade. Thiago dedica parte de seu tempo à empresa, mas mantém outro negócio próprio. Os amigos Pedro e Andrei não fazem mais parte do time, assim como Daniel, citado carinhosamente nas comemorações pelo segundo aniversário do Catarse.

Os sócios agora têm como objetivo conseguir sair do operacional para poder se dedicar mais às questões estratégicas. A curto prazo, querem priorizar a curadoria dos projetos e ajudar principalmente os de grande porte a ser bem-sucedidos. São esses que trazem uma receita maior para o caixa.

Também pretendem dar mais palestras e cursos. Mais importante que o retorno financeiro, é preparar as pessoas para inscreverem suas ideias no site, divulgar a ideia do *crowdfunding*, torná-lo conhecido e melhorar a qualidade dos projetos inscritos.

Para isso, um mercado paralelo de produtores surgiu. São pessoas que cuidam de tudo o que o autor precisa para inscrever seu projeto em uma plataforma de *crowdfunding*. Fazem o texto, produzem o vídeo, pensam nas recompensas.

Algumas delas cobram um valor fixo pelo trabalho mais uma porcentagem caso a ideia seja financiada. Algumas cobram apenas uma comissão por ações bem-sucedidas. Para os donos do Catarse, quanto mais gente envolvida nesse processo, contribuindo para disseminar o conceito de financiamento coletivo, melhor.

Como mais de 90% das ações de pequeno porte que entram no Catarse são financiadas, outra proposta é criar uma categoria especialmente para elas: ideias que custam até 2 mil reais para virar realidade. O Kickstarter já tem uma categoria assim.

Mas, de olho no futuro, e em como dar continuidade ao negócio, o principal movimento é o de se tornar uma rede, ou fornecer sustentabilidade a todo o processo de construção de um projeto criativo, e não apenas atuar como meio de campo para viabilizar financeiramente uma ideia.

Os sócios do Catarse querem atuar na pré-produção, na campanha de comunicação e facilitar a elaboração de recompensas e vídeos, presentes em todos os projetos inscritos no site. Tudo isso ajuda a garantir a qualidade daqueles que vão ao ar e, consequentemente, a fazer com que sejam financiados.

Por exemplo: uma banda entra no site para arrecadar dinheiro para a produção de um CD. Mas o CD é só uma parte do projeto. Para estar em toda a cadeia, o Catarse pretende fazer diversas parcerias. Uma delas seria com uma casa de shows, para ter uma noite na semana com apresentação de bandas que financiaram seu disco pela plataforma.

Outra parceria é com produtoras de vídeos, para a criação dos filmes que apresentam todos os projetos inscritos no site. Assim como com projetos, empreendedores ou artistas que possam produzir as recompensas. Uma delas é com a loja virtual Green Tea, de camisetas assinadas por designers. Na compra de uma peça, outra é doada a uma criança carente.

Basicamente, os donos do Catarse querem ir muito além da "vaquinha". Pretendem construir, ao lado de vários parceiros, uma cadeia completa para viabilizar ideias criativas.

De onde veio a inspiração

Fundando em abril de 2009 por Perry Chen, Yancey Strickler e Charles Adler, o americano Kickstarter virou referência de *crowdfunding* no mundo. Segundo números divulgados pela própria empresa, em 2013, 3 milhões de doadores contribuíram com 480 milhões de dólares em doações, para 19,9 mil projetos bem-sucedidos. São números que ainda deixam iniciativas do gênero no Brasil a milhões e milhões de dólares de distância.

Fonte de inspiração para o Catarse e, provavelmente, para todas as outras plataformas de financiamento coletivo do país, o Kickstarter foi eleito no início de 2014 uma das cinquenta empresas de tecnologia mais inovadoras do mundo pelo renomado MIT, Instituto de Tecnologia de Massachusetts. Ficou com a 22ª posição no ranking.

Financia projetos que vão de design a moda, passando por música, cinema, teatro, games e tecnologia. Um dos projetos de maior sucesso do Kickstarter é o relógio de pulso Pebble. Conectado a smartphones, exibe informações de iPhone e Android na tela. O projeto de Eric Migicovskyue, que não conseguiu vender sua ideia a grandes empresas, recebeu mais de 10 milhões de dólares para ser desenvolvido. Ele pedia 100 mil, quantia arrecadada em cerca de duas horas.

Outros projetos de destaque em 2013 que tiveram parte do dinheiro arrecadado no Kickstarter foram o Oculus Rift e o console Ouya, além do filme *Inocente*, vencedor do Oscar de melhor curta de documentário.

As cabeças por trás do Catarse

Nome Diego Borin Reeberg
Data de nascimento 13 de fevereiro de 1988
De onde é Paranavaí, PR
Família O pai é proprietário de uma corretora de seguros em Paranavaí e a mãe, farmacêutica-bioquímica, é chefe da farmácia do município de Paranavaí. Tem um irmão, 27 anos, engenheiro de petróleo na Petrobras
Formação Formou-se no Colégio Energia, em Florianópolis, e estudou administração de empresas da Fundação Getulio Vargas de São Paulo (FGV-SP)
Outros trabalhos Catarse, Catarse, Catarse
Outras atividades Cozinha, escreve poemas e pretende se dedicar mais ao tango e ao violão
Causa Ajudar pessoas a fazerem o que mais dá tesão a elas

"Pílula inspiradora" para um empreendedor criativo
Converse com alguém diferente hoje.

Nome Luís Otávio Felipe Ribeiro
Data de nascimento 20 de setembro de 1990
De onde é Uberaba, MG
Família O pai e a mãe são comerciantes em Uberaba
Formação Formou-se no Colégio Cenecista Doutor José Ferreira, em Uberaba, e estudou administração de empresas da Fundação Getulio Vargas de São Paulo (FGV-SP)
Outros trabalhos Foi vendedor na loja Pirajuba Presentes (de seu pai) e consultor na Consultoria Júnior Pública da FGV-SP
Outras atividades Joga tênis, é aprendiz de fotógrafo, *videomaker* e grafiteiro, e gosta de pregar adesivos pelas ruas e papéis nas paredes
Causa Propiciar encontros

"Pílula inspiradora" para um empreendedor criativo
Reúna pessoas ao seu redor que queiram, tanto quanto você, viver a sua arte.

Nome Rodrigo Maia
Data de nascimento 11 de fevereiro de 1983
De onde é Rio de Janeiro, RJ
Família O pai é médico ortopedista e a mãe é médica dermatologista. Tem um irmão de 28 anos, designer e empreendedor, sócio da Fibra Design e da Matéria Brasil, e uma irmã de criação, de 32 anos, cenógrafa. É casado com uma médica ortopedista
Formação Formou-se no Colégio Federal Pedro Segundo, Rio de Janeiro, fez vários cursos de fotografia e estética no Ateliê da Imagem e graduou-se em jornalismo na Pontifícia Universidade Católica do Rio de Janeiro (PUC-RJ)
Outros trabalhos Foi monitor de aulas e assistente de fotografia no Ateliê da Imagem, fez trabalhos freelancers de fotografia e vídeo para diversas empresas e agências, foi idealizador da MoLA, Mostra Livre de Artes, e do Circo Voador e trabalhou na produtora aGaragem Estúdio
Outras atividades Cozinha, é fotógrafo profissional, *videomaker*, toca violão, faz aulas de canto, corre e pretende voltar para a ioga
Causa Criar espaços, alternativas, oportunidades para que mais pessoas possam realizar mais coisas e trazer diversidade para o mundo. Quer propor mudanças e compartilhar valores

"Pílula inspiradora" para um empreendedor criativo
Ouça música, sonhe, estude, tenha grandes ideias. Depois desça pra Terra e comece a trabalhar.

NOME WEBCITIZEN
O QUE É UMA EMPRESA PARA PROMOVER O ENGAJAMENTO POLÍTICO
FUNDAÇÃO JANEIRO DE 2009
SÓCIOS HELDER ARAÚJO, FERNANDO BARRETO E PAULO VASCONCELOS
PROPÓSITO CONECTAR PESSOAS E APROXIMAR CIDADÃOS DE SEUS REPRESENTANTES

APROXIMANDO CIDADÃOS Gerar engajamento cívico. Enxergar o consumidor como cidadão. Conectar pessoas e aproximá-las de governos e empresas. Ajudar o eleitor a escolher o político que melhor o representa. Usar conhecimento em pesquisa, tecnologia e design de informação. No início de 2009, essas ideias deram origem à Webcitizen, empreendimento que fez da "webcidadania" seu principal negócio.

A empresa surgiu da percepção de que, depois de o Brasil conquistar maior estabilidade econômica e melhorias em alguns índices sociais, era hora do governo se modernizar. O que só poderia acontecer se a população pressionasse seus representantes a acompanhar a evolução do país. O primeiro desafio seria fazer da política um assunto consumido por jovens, principais agentes das mudanças na sociedade.

Tudo isso muito antes das manifestações que tomaram as ruas do país no meio de 2013 e tratavam, entre tantas outras questões, do problema da falta de representatividade política.

Os dois idealizadores da Webcitizen juntaram a experiência profissional de cada um para criar a empresa. Helder Araújo trabalhava com pesquisa de comportamento jovem. Fernando Barreto estava na área de criação de uma agência publicitária e já havia participado de projetos ligados ao governo e de marketing político.

Ambos achavam que olhar as pessoas como cidadãos e tentar escutar as suas necessidades poderia ajudar governos, com suas políticas públicas, a suprir tais demandas. Com esse discurso a Webcitizen chegava ao mercado, em uma época em que empresas e instituições buscavam, na internet, um meio para se relacionar melhor com seu público.

São três os pilares de atuação da Webcitzen: desenvolvimento de plataformas e aplicativos produção de conhecimento e organização e curadoria de eventos cujo objetivo é envolver o público em torno de um tema inspirador, como o primeiro TEDX realizado no Brasil.

Nas palavras do sócio fundador, Helder Araújo, a principal vantagem competitiva para seus clientes é usar a diretriz do pontocom para colocar o usuário como fator predominante do negócio. Acrescentando a isso o know-how de pesquisa, tecnologia, design e comunicação.

Para Fernando, as dificuldades enfrentadas por governos, foco principal da Webcitizen, são parecidas com as de grandes corporações. A falta de credibilidade, por exemplo, é o mesmo problema com que um banco ou uma operadora de telefonia pode ter de lidar.

Paulo Vasconcelos é o terceiro sócio, integrante que trouxe experiência em marketing político ao time. Os três são mineiros. Além deles, cerca de quinze pessoas formam a equipe da Webcitizen, entre jornalistas, desenvolvedores, publicitários e designers. Uma pequena parte do negócio funciona em Belo Horizonte. Lá trabalham alguns profissionais de tecnologia. A maioria da equipe está concentrada em São Paulo, na sede que fica em uma casa agradável da Vila Madalena, com salas espaçosas, portas de vidro e vista para o jardim, onde há um amplo gramado.

No início, os aprovados na entrevista de emprego eram contratados de um jeito muito peculiar. Ouviam dos fundadores que provavelmente só entenderiam o que a empresa fazia dali a seis meses. Mas prometiam cumprir o contrato, pagar tudo conforme o combinado e proporcionar uma experiência que faria o profissional sair dali melhor do que entrou.

Se era complicado explicar para os funcionários do que se tratava a empresa, para os possíveis clientes era ainda mais. Por conta disso, em meados de 2009, quando a Webcitizen já começava a fazer alguns trabalhos de consultoria na área de comunicação, os sócios resolveram criar um produto autoral, que traduzisse o intuito do negócio que estavam criando.

Assim deram início ao desenvolvimento do Votenaweb. A plataforma funciona como uma ponte entre os cidadãos e as decisões tomadas por parlamentares em Brasília. Com visual amigável, linguagem simples e fácil navegação, o site disponibiliza projetos de lei de deputados e senadores e convida os usuários a dar sua opinião, votando se são contra ou a favor das propostas.

Na mesma época em que o Votenaweb era desenvolvido, a Webcitizen ganhou outro grande desafio. Organizar o primeiro TED brasileiro. Helder, que havia conhecido o evento e ficado admirado com as palestras curtas sobre diferentes temas de relevância mundial, estava determinado a trazer a iniciativa ao país. Acabou trazendo-a por meio do TEDX, programa local, de organização independente, que replica a experiência do TED em diversos lugares do planeta.

Com o tema "O que o Brasil tem a oferecer para o mundo hoje?", o evento foi palco do lançamento do Votenaweb.

VOTENAWEB Aproximar os cidadãos das decisões tomadas por políticos no Congresso Nacional, que influenciam diretamente a vida das pessoas, é a proposta do Votenaweb. Ali são encontrados mais de 5 mil projetos de lei. Desde que entrou no ar, em novembro de 2009, os projetos mais recentes dos parlamentares em exercício e os de maior interesse da sociedade, aqueles que geram polêmica e ocupam o noticiário, são cadastrados ali. Cada projeto de lei é traduzido pela equipe do site para uma linguagem facilmente compreensível pelo leitor.

O usuário pode votar se é a favor ou contra a proposta. Embora seja um voto simbólico, os projetos serão ou não aprovados independentemente do voto popular, a opinião pública funciona como um bom termômetro para os políticos saberem se a lei que pretendem emplacar está em sintonia com o que pensam os cidadãos.

Além de dar seu voto, o usuário fica sabendo quais são os projetos de lei mais votados, os mais polêmicos ou os mais comentados. Há ainda a possibilidade de classificá-los como "urgente", "corajoso", "inviável" ou "sem noção". A busca também pode ser feita por estado ou partido. Um mapa do Brasil mostra como os votos estão distribuídos por região.

Entre os projetos mais votados está o do deputado Jean Wyllys, do PSOL, que pede a modificação do Código Civil para reconhecer o casamento e a união estável entre pessoas do mesmo sexo. Cerca de 17 mil pessoas deram seu voto, sendo que delas, 60% são a favor. O projeto é também o mais comentado do site.

Em segundo lugar vem a Proposta de Emenda Constitucional nº 33, que submete as decisões do Supremo Tribunal Federal ao controle do Congresso Nacional. A proposta, do deputado Nazareno Fonteneles, do PT, enfrenta forte rejeição. Dos cerca de 14 mil votos, 97% são contra. Com mais de 13 mil votos, o projeto de lei que pede o fim da remuneração vitalícia para ex-governadores e ex-prefeitos, proposto por três deputados, conseguiu agradar quase todo mundo: 99% apoiam a ideia.

Permissão para posse, porte e comércio de armas de fogo e munição no Brasil também está entre os mais votados e comentados. De autoria de Rogério Peninha Mendonça, deputado federal do PMDB, o projeto recebeu cerca de 12 mil votos. A maioria, 86%, é contra.

Ao votar, o usuário acessa o histórico do parlamentar. Quantos projetos ele já enviou, quantos foram aprovados e reprovados e como ele se posicionou em votações anteriores. A ideia é mostrar como os projetos de lei estão sendo recebidos pelo cidadão e fazer com que, observados pela população, os parlamentares evitem fazer propostas bizarras e eleitoreiras. Além disso, tem a intenção de dar argumentos para que um parlamentar possa adequar suas decisões a partir da opinião pública.

Já houve casos em que a assessoria de imprensa de um deputado entrou em contato com o Votenaweb para que determinado projeto de lei fosse retirado do ar, por enfrentar grande rejeição. Diante da resposta negativa da equipe do site, o próprio político voltou atrás e retirou o projeto proposto.

Seis meses depois do lançamento, a plataforma foi apresentada no evento Gov 2.0 Summit, em Washington. Era a única iniciativa de língua não inglesa presente no encontro sobre governos e cidadania. Por seu caráter inédito e inovador, a ferramenta chamou a atenção de alguns integrantes da ONU que assistiam à apresentação e pediram para que o Votenaweb fosse apresentado no mês seguinte em um evento sobre "webcidadania" em Barcelona.

Ao completar quatro anos de existência, o site tinha cerca de 100 mil participantes no total, e média de 2 mil usuários por dia. Desde que entrou no ar, recebeu cerca de 3 milhões de votos. Foi apresentado em conferências internacionais sobre "webcidadania" e reconhecido como um *case* no segmento.

OLHAR O MUNDO EM BUSCA DE OPORTUNIDADES Mineiro de sotaque acentuado, Fernando trabalhava no departamento de criação de uma agência de publicidade, mas queria ser empreendedor. Cresceu ouvindo do pai que deveria ter um negócio seu. Isso fez com que sempre olhasse o mundo em busca de oportunidades. Por isso, quando percebeu que estava insatisfeito com o trabalho na agência de publicidade, passou a aproveitar melhor seu tempo. Corria para entregar os "*jobs*" de sua responsabilidade antes do prazo, para ficar livre. Nas horas ociosas, formatava ideias, pesquisava, conversava com gente que admirava.

Tinha uma inquietação em poder ajudar governos e cidadãos a dialogar melhor. Achava que depois de ver o Brasil sair de uma situação econômica caótica, com altos índices de inflação, e de assistir a uma modernização em vários setores do país, o governo precisava se atualizar. Até então, o contato que havia tido com governos fora por meio de agências de publicidade. Mas sabia das dificuldades de implementar qualquer mudança dentro de um sistema extremamente burocrático. Ainda estava longe de saber como transformar essas ideias em negócio. Na época, quase não se falava de "webcidadania".

Em um desses dias em que Fernando estava na agência pensando sobre tudo isso, um publicitário comentou com ele que havia conhecido "um cara lá da sua terra". Ele e Helder nasceram em Divinópolis, cidade a 120 quilômetros de Belo Horizonte. Os dois já haviam feito alguns trabalhos juntos quando Helder ainda morava em Minas, antes de passar um tempo vivendo na Europa.

Estavam há cerca de dez anos sem se encontrar. Mesmo assim, Fernando pensou que seria interessante conversar com o conterrâneo, já que Helder era sócio da Bola, empresa da Box 1824, de pesquisa e desenvolvimento de produtos, mas sobretudo estudara comportamento jovem. Fernando ligou para Helder e o convidou para um café.

Durante nove finais de semana de 2008, Fernando saía de Belo Horizonte de manhã, encontrava Helder no café Suplicy, no Itaim, em São Paulo, e os dois passavam o dia conversando. No domingo, Fernando embarcava de volta para Minas. Foi no café que, discutindo sobre suas inquietações, os dois começaram a amadurecer e dar cara a algumas ideias, até concluírem que teriam uma empresa focada no cidadão.

Tanto Helder como Fernando queriam inverter a lógica com a qual estavam acostumados. Não pretendiam mais olhar o cidadão como consumidor. Ambos queriam passar a olhar o consumidor como cidadão.

Fernando começou a se preparar para sair da agência, juntando dinheiro e trabalhando como diretor de arte em campanhas políticas coordenadas por Paulo Vasconcelos — já que ainda não tinha a menor ideia de como tornaria a nova empresa financeiramente saudável. Em dezembro daquele ano, Fernando pediu demissão. Ele conta que, como empreendedor, aprendeu sobre a importância do feeling. Na hora em que se tem um, é preciso testá-lo. Leva isso até hoje, ao pé da letra.

No início, o investimento que os dois fizeram na empresa foi principalmente de tempo. Quando estava em BH, Fernando trabalhava no escritório de um amigo. Em São Paulo, a empresa funcionava na grande sala da casa de Helder. Só depois de fecharem alguns projetos, chamaram mais gente para trabalhar e foram para o The Hub, empresa de espaço de trabalho compartilhado em São Paulo. Na mesma época, alugaram uma sala em BH.

Dedicavam-se a procurar potenciais clientes e foram buscá-los na área de comunicação e em governos. Eles contam que por serem pioneiros no conceito de "webcidadania", ninguém entendia a empresa que estavam fundando.

Ambos tinham grande conhecimento em internet e tecnologia, em um momento em que as empresas começavam a entrar na rede para se relacionar com o público. Como Helder trabalhava com pesquisa de comportamento jovem, sabia identificar tendências. Esse era um valor: tentavam mostrar para os clientes no que deveriam prestar atenção se quisessem se relacionar com as pessoas pela web.

Essa foi a época em que explicar o que fazia a Webcitizen

era tarefa árdua, até que tiveram a seguinte percepção: não adianta tentar convencer o cliente a acreditar na sua ideia. É preciso ter o que mostrar.

Quando conquistaram um trabalho grande com o governo de Minas Gerais, decidiram investir o lucro em um projeto autoral, que traduzisse o propósito da empresa, para não se transformarem em prestadores de serviço. A ideia que deu origem ao projeto partiu de um problema, a falta de credibilidade da política no Brasil. Queriam encontrar uma solução para minimizar a descrença na política. Assim chegaram ao objetivo do produto: fazer o jovem consumir política.

Enquanto desenvolviam o Votenaweb, os idealizadores da ferramenta mostraram a ideia para algumas pessoas. Ouviram que aquilo não ia dar certo, que brasileiro não gosta de política, que ninguém consumiria o produto. Ouviram que estavam loucos, que poderiam ser presos já que iriam se indispor com parlamentares. Se tivessem ouvido as opiniões, teriam desistido de colocar o projeto no ar.

Do episódio, Fernando conta que tirou outra importante lição: acreditar na ideia, ir até o fim, ainda mais se ela for inovadora. Aprendeu que a inovação tem o caráter de ir na contramão do que a maioria espera, de romper com o pensamento comum. O Votenaweb, lançado no primeiro TED do Brasil, evento organizado pela Webcitizen, foi o projeto que mais deu visibilidade à empresa.

Em 2010, ao assumir mais projetos, os sócios decidiram alugar uma espaçosa casa da Vila Madalena. Desde o começo, a ideia era fazer ali um *hub*, atrair pessoas para ampliar o networking e gerar novos negócios, além de dividir o custo do aluguel. Por conta de projetos específicos, a equipe da Webcitizen chegou a ter trinta pessoas. Passou por uma reestruturação até se estabelecer no número de hoje, metade disso.

Se em termos de relevância o sucesso da ferramenta foi rápido, os donos da Webcitizen ainda procuram uma forma de fazer com que ela seja rentável. Por enquanto, outros serviços da empresa, como consultoria, a financiam.

Entre os projetos que podem ajudar a monetizar a ferramenta estão o sistema de integração com Twitter e Facebook, e iniciativas de como ampliar os serviços prestados às Câmaras Municipais e Assembleias.

ALGUNS TRABALHOS No primeiro ano de existência, a empresa lançou o Votenaweb e o primeiro TEDX no país. No segundo, participou de dois eventos, em Washington e Barcelona, como referência em "webcidadania", e realizou outro TEDX, dessa vez na Amazônia. Ao longo dos anos, assinou projetos para governos e embaixadas e, atualmente, presta serviço para o Congresso Nacional, entregando relatórios aos parlamentares a partir do conteúdo do Votenaweb.

Em 2013 a Webcitizen realizou trabalhos com o governo de Minas Gerais, como o Movimento Minas. O projeto convida cidadãos a pensar soluções para dez grandes desafios do estado junto com o governo. Entre eles, como diminuir a pobreza e a desigualdade social, como estimular a inovação, como transformar a sociedade pela educação e cultura e como garantir a utilização sustentável de recursos naturais.

Outra plataforma desenvolvida pela Webcitizen ajuda o eleitor a se lembrar como votou em eleições passadas. Pelo "Eu Lembro" o cidadão não esquece quem elegeu, para poder cobrar o parlamentar em relação a suas propostas. Já o "!sso Não é Normal" propõe uma grande reflexão sobre como as mudanças climáticas afetam o dia a dia das pessoas.

Para Helder, a Webcitizen é um legado. Ele e Fernando passaram um ano sem fazer retiradas financeiras da empresa para mantê-la viva o máximo de tempo possível. A aposta é que daqui a algum tempo a Webcitizen seja referência de civilidade.

OUTROS NEGÓCIOS A Webcitizen é a primeira de quatro empresas que, além de dividirem o mesmo espaço físico, trabalham em um esquema colaborativo. Cada uma tem seu próprio negócio. Mas compartilham profissionais e projetos. Por exemplo, se o perfil de um profissional atende a duas empresas, ele trabalha quatro horas para uma, quatro para a outra, e ambas dividem seu salário.

Além disso, todas geram projetos uma para a outra. Elas foram surgindo de acordo com demandas e necessidades e não existe uma âncora, uma *holding*. Helder é o único sócio das quatro. São elas, além da Webcitizen, a Busk (rebatizada de Newsmonitor), a Black-key e a Digital Garden.

A Newsmonitor foi criada a partir da necessidade dos fundadores de se manterem bem informados em relação aos mais variados assuntos. Helder vem da área de pesquisa e precisava de um sistema que fornecesse informações antecipadamente.

Para atender a essa necessidade, a Newsmonitor está se tornando uma ferramenta corporativa de inteligência competitiva. Além de Helder, a empresa tem como sócio João Cavalcanti, um dos fundadores da Box 1824, onde Helder já trabalhou.

A ferramenta profissional faz curadoria de notícias. É "profissional" porque é paga e corporativa. Faz "curadoria" porque é diferente de um clipping. Representa um mecanismo de seleção, um sistema de indexação, busca e compartilhamento. Segundo Helder, é uma ferramenta de construção de novos conhecimentos a partir do monitoramento de notícias.

Os clientes da Newsmonitor são principalmente empresas e universidades. Em escolas, a ideia é mostrar como o material jornalístico pode enriquecer o conteúdo de uma sala de aula e criar base crítica para o aluno que sai de uma instituição de ensino. Para Helder, a longo prazo isso irá gerar uma série de profissionais capacitados a usar essa ferramenta, que estarão no mercado de trabalho criando novos negócios e empresas. Já nas empresas, são as áreas de inovação que usam a ferramenta, para depois disseminá-la por outros departamentos.

O grande diferencial da Newsmonitor é fazer curadoria de notícias, e não um clipping simplesmente. Se no primeiro caso alguém faz por você, no segundo, você mesmo, ou sua equipe, faz de acordo com seus interesses. A ferramenta navega automaticamente por um volume de notícias impossível de ser acessado por um ser humano. São 100 mil notícias entrando diariamente, de uma base de 40 milhões. A curadoria é uma ferramenta de indexação, busca, armazenamento e compartilhamento de informação. Em outras palavras, um processo automático e colaborativo de mineração de conhecimento.

A ferramenta usa a inteligência dos editores de cada um dos portais de notícias e jornais, já que o sistema não leva em consideração o que está sendo mais clicado. Considera a opinião de profissionais de jornalismo que destacam assuntos relevantes nas páginas de portais e canais de informação.

Graças a um algoritmo sofisticado, a Newsmonitor mede a relevância das informações com critérios que vão desde o número de sites em que determinado assunto foi citado à atualização. O robô reconhece, por exemplo, quando o tema é citado, embora a notícia sobre ele seja outra. Ele entende que o assunto é o mesmo independentemente de como a notícia foi escrita.

Outro critério de relevância é a credibilidade. A ferramenta consegue calcular a qualidade das notícias a partir de dados como tamanho do texto, presença de foto ou vídeo, a fonte e até índices do Instituto Verificador de Circulação, o IVC, como o tempo de existência do veículo que publicou aquela informação. Ou ainda quanto aquele veículo é referenciado e quantas notícias publica. O robô também indexa opinião e análise, com posts em blogs, sempre levando em consideração a fonte, se o blog está ativo e atualizado.

Outros mecanismos de busca, por exemplo, usam como critério simplesmente a data de publicação das notícias sobre um tema específico.

Depois da curadoria generalizada, vem a parte da personalização. É um segundo filtro oferecido pela ferramenta. O usuário pode montar sua página a partir de tudo aquilo que escolheu receber de informação. É possível assinar um assunto, outro diferencial do sistema. Não é apenas um termo de busca. É indicar na ferramenta que você quer entender o que está sendo dito sobre inovação governamental ou empreendedorismo criativo, por exemplo, e a ferramenta monta um portal sobre isso para o usuário. Quanto mais específico o assunto, mais precisa e completa pode ficar a página. É possível assinar vários assuntos diferentes. A página sempre é montada em tempo real.

Há ainda um terceiro nível, para tudo aquilo que o usuário gostou e quer guardar. Seja para arquivar ou compartilhar com sua equipe. É como mandarmos aquele monte de e-mails com links, sugestões de leitura ou indicações de conteúdo para as pessoas com quem trabalhamos, só que de forma inteligente e organizada. O usuário possui uma rede que pode acessar as informações selecionadas por ele. A ferramenta envia um aviso a essas pessoas sobre as novas notícias, links ou sites indicados, que podem ser acessados pelo sistema.

É possível que o usuário tenha um portal sobre empreendedorismo criativo compartilhado com alguns funcionários de sua equipe e outro portal, sobre inovação, compartilhado com outros. Ele escolhe os grupos com quem irá compartilhar informações sobre determinados assuntos.

O sistema vem sendo desenvolvido há mais de quatro anos e nasceu da vontade de Helder de ser o mais assertivo possível, ou seja, fazer o usuário chegar rapidamente na informação que procura e, consequentemente, economizar tempo. Para quem assina o serviço, o que está sendo comprado é o repertório e o uso inteligente desse conteúdo.

Helder chegou a fazer um experimento no modelo de negócio da ferramenta. De janeiro a dezembro de 2011, abriu o serviço gratuitamente para tentar rentabilizá-lo. Em janeiro, eram 40 mil usuários únicos do sistema. Em dezembro, o número foi de 4 milhões. Um crescimento de cem vezes em doze meses. Apesar do sucesso da audiência, houve dificuldade de monetizar o projeto com venda de publicidade.

Para Helder, o maior problema é vender publicidade para uma ferramenta de busca com 4 milhões de usuários cuja audiência é muito pulverizada. Desses 4 milhões, 5 mil se interessam por carros, outros 3 mil por viagem, mais 5 mil por design... Assim, a dificuldade de gerar receita com publicidade inviabilizou o negócio no modelo aberto.

Em novembro de 2012, os primeiros testes e layouts de um projeto para tentar rentabilizar a ferramenta usando para isso um novo modelo de negócio começaram a ser desenvolvidos. Professores e empresas passaram a testá-lo. A empresa fechou acordo usando a base tecnológica do então Busk com marcas como Fiat e IBM.

No caso da Fiat, a proposta era oferecer um serviço de leitura das principais notícias dentro do automóvel. A pessoa entra no carro, escolhe os portais de sua preferência e recebe as manchetes do dia, tudo em tempo real.

FUNDO DE INVESTIMENTO Por conta da existência da Webcitizen e da Newsmonitor, Helder conta que os sócios passaram a receber muitos pedidos de ajuda e orientação de pequenas empresas e start-ups. Graças a isso, perceberam que estavam em contato com oportunidades de negócios que poderiam abraçar se montassem um fundo de investimento.

E assim foi feito. Juntaram algumas pessoas que queriam trabalhar de olho em start-ups e criaram a Black-key, empresa de investimento em novas tecnologias. O foco maior foi em empresas de operação de informação, o RI. Uma delas é de e-commerce. A empresa foi encontrada dentro de uma universidade. A Black aportou dinheiro ali e know-how para transformar a ferramenta em um bom produto e virou sócia do negócio.

UM *HUB* CHAMADO JARDIM DIGITAL Por fim, além da Webcitizen, da Newsmonitor e do fundo Black-key, o endereço da rua Girassol, na Vila Madalena, foi transformado em negócio, cuja operação é pequena e tem os mesmos sócios da Webcitizen, Helder e Fernando. Foi a forma que encontraram de aproveitar o espaço e diminuir o custo fixo do aluguel.

A Digital Garden, ou Jardim Digital, surgiu de uma dificuldade enfrentada pela Webcitizen quando a empresa ainda estava sendo inventada: a necessidade de começar a funcionar, embora ainda não tivesse estrutura para isso. Os sócios enxergaram aí uma oportunidade. Trazer para perto outros negócios que pudessem ampliar o networking e render frutos com novos projetos das empresas que já trabalham ali. Além de, claro, viabilizar a própria estadia.

Assim, a casa virou um *hub*, espaço de trabalho compartilhado por profissionais e empresas. É a quarta marca do grupo, que abriga principalmente pessoas e negócios voltados para conteúdo e tecnologia.

De olho no ano eleitoral, em 2014 a Webcitizen planeja transformar o Votenaweb na maior e mais relevante plataforma sobre política do Brasil. Para isso, os sócios da empresa buscam parcerias para conseguir recursos e investir em tecnologia, comunicação e novas funcionalidades para a ferramenta. E esperam que o número de participantes salte dos atuais 100 mil para 500 mil.

A ideia é ajudar o eleitorado a escolher bem seus representantes. Segundo Fernando, para isso eles estão focados em mostrar as ações, e não o discurso, de candidatos e políticos que já estão no poder.

Para depois do pleito de 2014, a Webcitizen pretende lançar o Votenaweb nos municípios, começando por quatro capitais. É esse o principal projeto para 2015. A movimentação é estratégica para as eleições municipais, em que as pessoas lidam com problemas muito mais próximos de seu dia a dia.

O que te alimenta?

Único sócio das quatro empresas, Helder quer deixar um legado. Construir algo que impacte positivamente as pessoas. Tecnologia e design são suas paixões. Também adora começar algo novo. Daí a disposição para, ao terminar um projeto, inventar outro. Helder vem da área de comunicação, mas tem um pé em educação. Dava aula na Universidade Federal de Minas Gerais e fez uma espécie de "mestrado prático" na Fabrica, na Itália, com especialização em design.

Ao voltar da Itália, foi contratado pela F/ Nazca, onde conheceu Rony Rodrigues e João Cavalcanti, sócios da Box 1824. Foi de Rony que recebeu o convite para trabalharem juntos. Na Box, foi coordenador de pesquisa e fundador da Bola, empresa de design aplicado à pesquisa. Já faziam naquela época "*design thinking*". Na Bola, o trabalho era criar produtos a partir de problemas reais. Um exemplo é o Novo Uno. A missão era construir um carro popular campeão de vendas. O primeiro passo foi fugir da tradição dos carros populares parecerem esportivos apesar do motor 1.0. O Uno era visto como uma espécie de Fusca dos anos 1980, um carro que você pode enfiar em qualquer lugar. O iPhone havia sido lançado e, observando o sucesso do aparelho quadrado, viram aí uma tendência que poderia ser aplicada ao veículo. O carro foi lançado em 2007 e virou campeão de vendas.

Para a Unilever, a Bola realizou um trabalho na Índia para um produto com grande rejeição entre as mulheres. Fizeram pesquisa de campo e descobriram peculiaridades na forma como indianas se relacionavam com maquiagem. O principal *insight* foi: as embalagens eram pretas, cor que na Índia tem forte carga negativa. Produziram então uma embalagem bege, com uma mandala colorida. O produto estourou de vendas.

Além da Fiat e da Unilever, outras marcas estavam entre os clientes da Bola, que acabou fechando anos depois. Antes disso, Helder foi contratado pela Nokia, onde precisou resumir drasticamente uma apresentação de horas para um relato de dez minutos. Diante da tarefa ingrata, pesquisou na web sobre "*short talks*". Foi quando conheceu os vídeos do TED. Helder ficou fascinado e meses depois estava participando do evento nos EUA. Ouviu de um dos palestrantes: "O que te alimenta?" e não tirou isso da cabeça. De volta ao Brasil, sabia que queria tentar algo novo. Fez sua apresentação para a Nokia — em quinze minutos — e, tempos depois, fundaria a Webcitizen. Sempre em busca do próximo projeto, Helder quer trazer o primeiro TED fixo do mundo para o Brasil. Um espaço com auditório, café, livraria e palestras.

As cabeças por trás da Webcitizen

Nome Helder Araújo
Data de nascimento 25 de junho de 1977
Onde mora São Paulo, SP
De onde é Divinópolis, MG
Família Os pais são funcionários públicos. A mãe formou-se em pedagogia, o pai, em direito. É o caçula de uma família de cinco irmãos. Hoje, tem um casal de filhos: Gabriel, de quinze anos, e Clara, de cinco meses
Formação É formado em comunicação social pela Universidade Federal de Minas Gerais (UFMG) e possui especialização em design gráfico pela Fabrica, Itália
Outros trabalhos Foi professor de design na Fafich/ UFMG, e trabalhou como designer em várias agências. Trabalhou na revista *Colors*, na Itália. Ao voltar para o Brasil, se juntou ao grupo Box 1824, no qual foi diretor de pesquisa e sócio fundador do escritório de sociologia aplicada ao design chamado Bola. Hoje, é sócio fundador de outras três empresas
Outras atividades Membro da TED Conference, que frequenta anualmente desde 2008. Foi responsável por organizar o primeiro TEDX no Brasil, o TEDX São Paulo. Gosta de correr, andar de bike pela cidade e jogar squash
Causa Criar soluções baseadas na união de tecnologia, educação e design

"Pílula inspiradora" para um empreendedor criativo
Existe uma grande diferença entre saber o que deve ser feito e conseguir fazê-lo de fato.
O empreendedorismo não é sobre o que você sabe, mas sim sobre o que você faz.

Nome Fernando Barreto
Data de nascimento 12 de julho de 1972
Onde mora São Paulo, SP, e Belo Horizonte, MG. Tem residência fixa nas duas cidades
De onde é Divinópolis, MG
Família A mãe era professora da rede pública de ensino. O pai, comerciante, industrial e empreendedor. Tem seis irmãos, é o segundo mais novo
Formação Faculdade de marketing, incompleta
Outros trabalhos Atuou como diretor de arte e designer em publicidade por mais de quinze anos. Esteve envolvido em projetos de políticas públicas como, por exemplo, a candidatura do Brasil à Copa de 2014. Desde janeiro de 2009, dedica-se exclusivamente à Webcitizen
Outras atividades Fotografia e saxofone
Causa Fazer um pouco melhor hoje o que fez ontem e não se deixar levar pelo "conforto" da inércia

"Pílula inspiradora" para um empreendedor criativo
Empreenda algo em que você acredite e que de alguma forma faça parte da sua vida. Seja forte o suficiente para que as críticas não abalem sua crença e resiliente o suficiente para se ajustar ao curso com rapidez. Foque mais no processo e menos no resultado a ser alcançado.

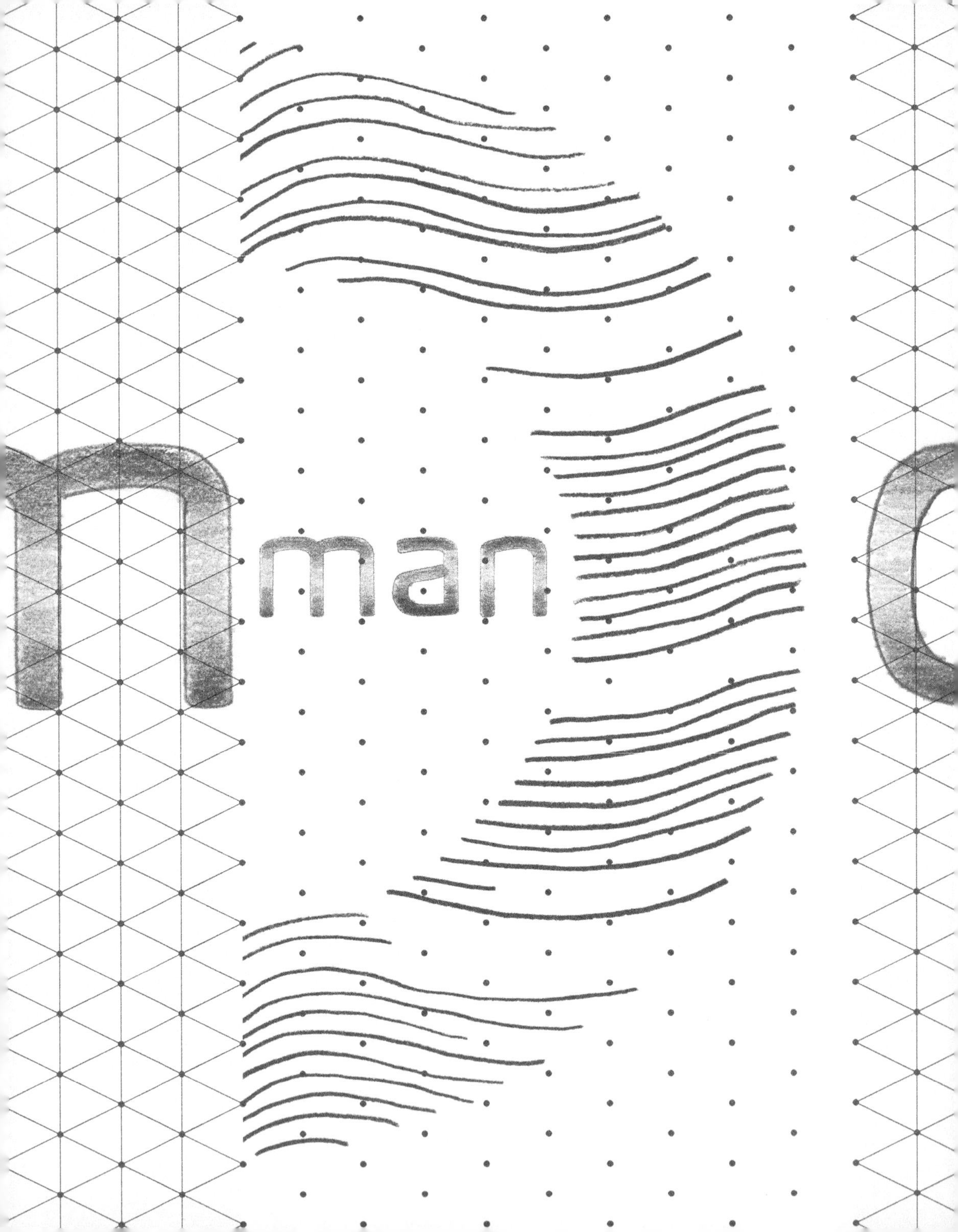
man

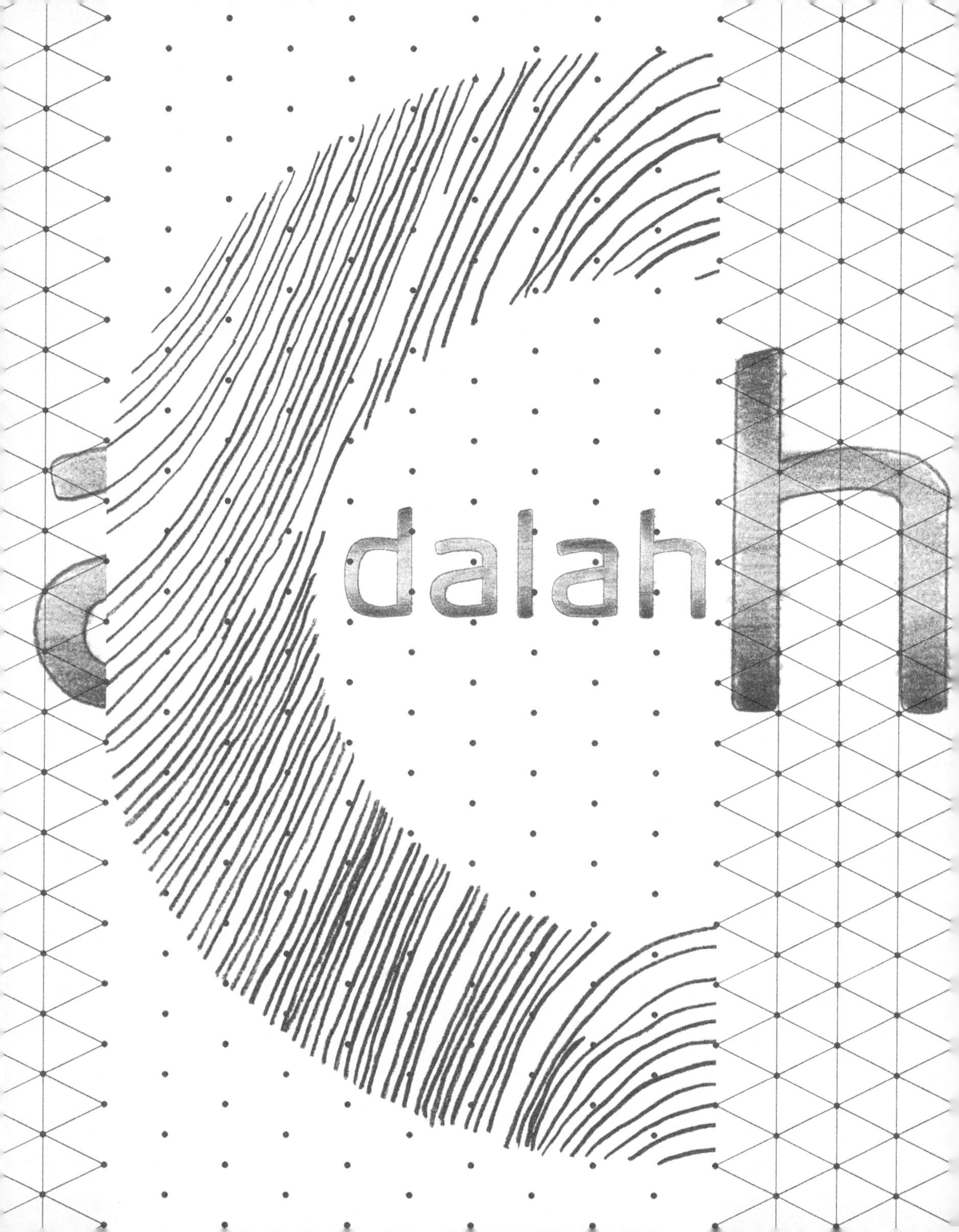
dalah

NOME MANDALAH
O QUE É CONSULTORIA PARA INOVAÇÃO CONSCIENTE
FUNDAÇÃO NOVEMBRO DE 2006
SÓCIOS LOURENÇO BUSTANI, SÉRGIO ANDRIGHETTI, TOM MOORE E ROBERTO MARTINI
PROPÓSITO MUDAR O MUNDO A PARTIR DE ESTRATÉGIAS DE INOVAÇÃO

INOVAÇÃO CONSCIENTE *"They can take our life, but they'll never take our freedooom!!!"*

Foi com o grito de guerra de William Wallace, interpretado por Mel Gibson no filme *Coração valente*, que Lourenço Bustani e o sócio Igor Botelho comemoraram o fechamento do primeiro grande negócio da Mandalah, empresa que haviam lançado alguns meses antes. Os dois abriram a janela de uma das salas da casa localizada na rua Madalena, no bairro de mesmo nome, na zona oeste de São Paulo, para soltar a voz e dizer aquelas palavras bem alto. Naquela época, em 2007, o projeto para a General Motors dos Estados Unidos custou 80 mil dólares e foi motivo de grande euforia.

A empresa de consultoria de inovação consciente permaneceu no mesmo endereço até completar sete anos. A decoração da casa instalada em um terreno em declive havia mudado muito pouco desde a reforma feita por um arquiteto amigo de Lourenço. Piso de madeira e elementos esotéricos, como imagens de buda e mandalas continuavam lá. Na recepção, um simpático anfitrião recebia parceiros e clientes: Shivah, um golden retriever, que não fazia a menor cerimônia em pedir carinho aos visitantes. Indicado no site da Mandalah como CCO (Chief Canine Officer), ele circula pela empresa, dorme na casa de Lourenço e de vez em quando acompanha o dono em compromissos como reuniões e palestras. Quando Lourenço viaja, Ralph, funcionário desde a fundação da empresa, é quem cuida de Shivah.

Em uma das salas da Mandalah, pessoas com laptops no colo, sentadas em cadeiras em círculo, discutem os rumos de mais um trabalho. Uma ou outra, descalça, reforça o ambiente descontraído. Logo na entrada, o portão mostra a palavra "inspire" em um painel feito em 2012 com um conjunto de fotos de todos os funcionários da empresa em cenas cotidianas com a família e os amigos.

Embora tenha permanecido até 2014 no mesmo endereço, de onde Lourenço e Igor gritaram ao comemorar o primeiro grande trabalho, hoje a Mandalah é responsável por projetos de valores bem maiores do que aquele. Em 2012, aos 32 anos, Lourenço foi eleito pela revista americana *Fast Company* uma das cem pessoas mais criativas do mundo dos negócios e o brasileiro melhor colocado no ranking, em 48° lugar. O aposto de "brasileiro mais criativo do mundo" rendeu enorme destaque tanto ao idealizador como à empresa. O nome da Mandalah, e de Lourenço, estamparam reportagens dos principais veículos de comunicação.

Com clientes como Nike, Natura, AmBev, Sebrae, o Comitê Organizador dos Jogos Olímpico de 2016, General Motors e a Petrobras, a empresa tem mais de cinquenta funcionários espalhados em seus escritórios no Rio de Janeiro, em Nova York, Tóquio, Berlim e na Cidade do México, além da sede em São Paulo — que estava de mudança para outro endereço, ainda na Vila Madalena. A mudança é fruto de um importante movimento da Mandalah, realizado em 2013: Roberto Martini comprou 5% da empresa, que passou a trabalhar de forma mais integrada com a Flag, grupo de comunicação do mais novo sócio.

Mas o que faz a empresa de consultoria tão diferente das outras? A Mandalah usa a assinatura "butique de inovação". Segundo Lourenço, o uso da palavra "butique", embora não haja apego a ela, é para mostrar que os trabalhos feitos ali recebem muita atenção aos detalhes e às sutilezas, além de remeter à ideia de que não há aspirações de crescer demais como negócio, mas sim de ter o tamanho certo.

Ainda de acordo com ele, a palavra "inovação" precisa ser qualificada. Daí o termo consciente. Nesse sentido, a empresa procura envolver-se em processos, diálogos e discussões cujo objetivo é criar futuros mais favoráveis e trazer benefícios para a vida das pessoas.

Em um contexto mais mercadológico, a Mandalah procura reconciliar a busca das empresas em gerar lucro com uma busca, até então menos latente, por uma causa. Em outras palavras, o trabalho da Mandalah representa a intersecção entre lucro e propósito. A crença é de que esse é o caminho para que o lucro dure, se perpetue, uma vez que todos os setores da sociedade passam a ter consciência de que um sistema econômico em que poucos ganham e muitos perdem é inviável, assim como o tamanho do impacto no meio ambiente.

Lourenço lembra que a crise de 2008, "uma crise não apenas econômica, mas existencial", nos ajudou a enxergar os problemas do sistema com mais clareza. Por exemplo, o entendimento em relação à palavra "sustentabilidade", que não passava de um clichê, agora é percebido como sobrevivência. Além disso, o H que vai ao final de Mandalah serve para lembrar o aspecto humano. Reforçar que, por trás do consumidor, do funcionário, do chefe e da pessoa jurídica existe gente.

TAPINHA NAS COSTAS Foi esse o discurso idealista que, de forma intuitiva, começava a reger o trabalho de dois jovens. Igor e Lourenço sabiam que aquele jeito quase ingênuo de enxergar as relações entre pessoas, empresas e o mundo era um caminho promissor. Embora ouvissem que daquela forma não seria possível fazer negócios, eles achavam que só era possível fazer negócios daquela forma.

Para explicar a possíveis clientes do que se tratava o trabalho que gostariam de desenvolver, eles usavam o cartão de visita que tinham criado. Diante do desenho colorido, as pessoas costumavam perguntar: "Olha, é uma mandala?". Esse era o gancho para contar o que era a empresa. Entre setas, círculos e um labirinto, diziam que "mandala vem do sânscrito, que é o círculo mágico do poder usado como ponto focal para entrar em estado meditativo e de autoconhecimento, momento em que você entra em contato com as suas verdades, e de certa forma isso pode ser usado como metáfora do trabalho da Mandalah, que quer mergulhar no centro da mandala interna que vem da psicologia junguiana, do ser humano por trás do consumidor, que quer entender quais são as questões mais essenciais do ser humano para depois levar tudo isso para o universo das marcas...".

O possível cliente só tinha perguntado se aquele desenho era uma mandala e acabava ouvindo toda a proposta da dupla — idealista, meio hippie e esotérica. Lourenço conta que entendiam a ideia da empresa, mas que ela representava à época o "plano B". A impressão era de que simpatizavam com o discurso, mas enxergavam naquilo uma espécie de plano de contingência, para ser usado no momento em que a forma de fazer negócios vigente não estivesse funcionando mais. Não foram poucas as vezes em que executivos engravatados dispensaram os dois com tapinhas nas costas, dizendo que aquela vontade de mudar o mundo era muito bonita. E só.

DEPOIS DA CRISE Foi depois da crise econômica que sacudiu o mundo entre 2008 e 2009 que a Mandalah não parou mais de trabalhar. O susto causado pela bolha no setor imobiliário dos Estados Unidos, que resultou no fechamento de várias empresas, entre elas um dos maiores bancos de crédito americanos, o Lehman Brothers, fez com que CEOS tivessem de repensar o sistema operacional. A Mandalah passou a fechar contratos com empresas que queriam reconfigurar a forma como trabalhavam. Que perceberam a necessidade, por questão de sobrevivência, de trazer significado a suas marcas, para que suas atividades comerciais deixassem algum legado, que fossem vistas como algo bom. É aí que entra o trabalho da consultoria de inovação consciente.

Segundo Lourenço, antes da crise, os diferentes setores da sociedade — governo, sociedade civil, setor privado — operavam em um vácuo, sem dialogar. O fato de não articularem suas agendas em conjunto é responsável, de certa forma, para que a transformação para um sistema mais consciente, mais igualitário e mais preocupado com o ser humano seja tão pouco perceptível na prática. Parte do trabalho da Mandalah é propor esse diálogo entre diferentes segmentos que, de alguma forma, influenciam no sistema a que pertencemos e pensar em como todos esses segmentos, em conjunto, podem criar ações que beneficiem as pessoas.

Um estudo realizado durante um ano para ajudar a General Motors a direcionar seus investimentos futuros é um exemplo do tipo de trabalho que a Mandalah faz. A empresa adotou uma visão sistêmica sobre mobilidade, pesquisando planejamento urbano, novas tecnologias, energias renováveis. Ao receber a missão da fabricante de carros, envolveu no projeto uma especialista em biomimética da Holanda, um urbanista da New School de Nova York, outro do Mackenzie, dois alunos — um egípcio e um brasileiro — da Art Center College of Design, na Califórnia, que faz desenho de carros, o presidente de uma ONG que trata de transporte público, uma designer brasileira e um mediador de parcerias entre setor público e privado da União Europeia.

O grupo visitou a favela de Heliópolis, em São Paulo, reuniu-se com a Secretaria de Transporte, conheceu o Viaduto do Chá. Depois voltava para a casa de praia que a Mandalah mantinha em Juquehy, litoral norte do estado, onde discutia sobre o projeto. O resultado do trabalho para a General Motors, cliente antigo, apontou para investimentos em futuros mais sustentáveis, mesmo que sejam sem carro, ou pelo menos sem carro com motor à combustão. Se por um lado pode parecer absurdo recomendar a um fabricante de automóveis pensar em investir em um mundo sem eles, para a Mandalah é exatamente esse o seu papel. Articular como as grandes corporações podem lucrar mantendo o foco naquilo que é bom para o consumidor. Ou melhor, para o ser humano.

Como conseguir envolver tanta gente de diferentes países sem oferecer altas cifras como recompensa? Além do conteúdo do estudo despertar interesse, o encontro foi marcado às vésperas de um feriado importante, com a garantia de que a Mandalah se encarregaria de organizar tudo para que os convidados conhecessem o melhor do Carnaval no Brasil — abordagem que entusiasmou de ingleses a egípcios.

Outro trabalho ligado à mobilidade urbana foi encomendado pelo Sebrae de Minas Gerais. A Mandalah usou inovação tecnológica na busca por soluções para melhorar o transporte público. Foi um projeto que envolveu desenvolvedores de software, a prefeitura de Belo Horizonte, fundações, ONGS e o setor privado. Profissionais de diferentes áreas foram chamados a contribuir com conhecimento a serviço de melhorias para a cidade. Para que as pessoas pudessem se locomover com mais facilidade, menos custo, mais segurança e menos poluição.

Durante o projeto foi organizado um painel com plateia de cerca de sessenta pessoas, em que os representantes dos diferentes universos puderam debater questões e responder perguntas do público. A Mandalah ouviu os especialistas para fazer um cruzamento das informações e, a partir de todo o material produzido, poder chegar a um resultado.

Em outro caso, a Nike contratou a empresa para contribuir no desenvolvimento da visão da marca e para orientar sua atuação no Rio de Janeiro, antes da Copa do Mundo e das Olimpíadas no Brasil. O trabalho, que de acordo com Lourenço tem tudo a ver com transformação social, incluiu um ciclo de conversas com líderes comunitários e sociais, jovens, educadores, empreendedores e artistas de diferentes regiões da cidade.

Em parceria com a prefeitura, a Nike apoiou um novo sistema de iluminação no Arpoador que incentiva a prática de surf à noite e revitalizou uma pista de skate na Lagoa. Também passou a organizar eventos como um torneio de futebol para jovens carentes e trouxe à cidade obras de arte como "ObichoSusPensoNaPaisaGen", do carioca Ernesto Neto, que ficou exposta na estação Leopoldina.

Para o Comitê Organizador dos Jogos Olímpicos e Paraolímpicos, a Mandalah fez toda a base do planejamento cultural para as Olimpíadas, orientando e sugerindo atividades culturais. Outro trabalho realizado para o Comitê, em que a empresa convidou a Inesplorato para uma parceria, foi responsável pela identidade visual dos jogos, que procura retratar o novo Brasil e o novo Rio de Janeiro.

Já para o Colégio Bandeirantes, a tarefa era mostrar a uma das escolas mais tradicionais do país o que o futuro graduado precisa saber e entender para enfrentar os desafios do século XXI. Para isso, o projeto desenhado pela empresa implicou em repensar o modelo pedagógico, os métodos de avaliação, a arquitetura da escola e sugerir modelos colaborativos. A Mandalah também foi chamada para contribuir no desenvolvimento do plano diretor acadêmico da graduação e pós-graduação da Escola Superior de Propaganda e Marketing de São Paulo.

MISSÃO E VALORES EM PAPEL DE BOTEQUIM Lourenço trabalhou na empresa de pesquisa Voltage, mesmo lugar por que passou outra empreendedora criativa, Débora Emm, antes de abrir a Inesplorato. Da época, o cofundador da Mandalah não guarda boas lembranças. Define a passagem pela empresa como o maior desafio de sua carreira e prefere não falar sobre o assunto. Mas foi lá que ele e Igor começaram a conviver e construir o que viria depois.

A história da Mandalah começou durante as férias de Lourenço, em uma viagem em que visitou os pais em Londres, onde moravam, foi para a Croácia e depois para a Grécia. Estava com seu melhor amigo e passou um mês viajando, já sabendo que estava de saída de uma empresa para criar outra.

De uma conversa à noite em Santorini, surgiu a primeira faísca para criar um negócio que fosse na contramão de tudo que havia no mercado brasileiro em termos de valores, práticas e princípios. Tinha a percepção de que no país os negócios eram feitos sem consciência e sensibilidade, com todo mundo se atropelando em nome de interesses próprios.

Ao voltar para o Brasil, e em parceria com Igor, a ideia começou a ganhar forma. Na época, imaginavam criar uma empresa de comportamento e inovação. Comportamento seria a área mais voltada para pesquisa e inovação, para a estratégia.

O nome da empresa demorou a sair. Queriam que ele fosse universal, pronunciável em qualquer língua e com profundidade no significado. Chegaram a escolher dois ou três que só não batizaram o novo negócio por problemas burocráticos com registro e domínio. Quando veio a sugestão de "Mandala", o nome também já estava registrado. Foi quando alguém falou: "Se nosso trabalho vai ser todo voltado para o ser humano, vamos colocar um H no final dessa mandala aí!". E assim foi.

Além de Igor e Lourenço, mais duas pessoas que também estavam de saída da Voltage se juntaram ao time: o paulistano Amit Eisler e o baiano Felipe Serrão. Apesar do pouco tempo que ficaram na Mandalah, tiveram importante contribuição na criação da empresa.

O posicionamento, a missão e os valores da Mandalah foram rabiscados em um jogo americano de papel, em um boteco da rua Aspicuelta, na Vila Madalena, em um fim de tarde. Depois disso, a história do que seria a empresa foi escrita em muitas noites em claro, de muito trabalho. Fizeram um site de apresentação e elaboraram um e-mail para enviar a todos os clientes e contatos, comunicando o desligamento da Voltage e o início de outra empreitada.

Ao todo, o investimento inicial da Mandalah foi de 50 mil reais. Alugaram por 750 reais uma sala dentro de uma produtora, na avenida Nove de Julho, em cima da Ofner. Lá, trabalhavam na única mesa do lugar, que acomodava quatro pessoas. O investimento também foi usado para bancar o site, os cartões de visita, gastos com telefone e internet e um contador.

Igor investiu suas economias e Lourenço, o dinheiro da venda de seu carro. Apesar de serem quatro, amontoavam-se na Saveiro de Igor, o carro que restou, para ir a reuniões e almoços com possíveis clientes, sem gastar com táxi. Paravam dois quarteirões antes do local combinado, para não dar bandeira de como haviam chegado até lá. Anos depois, um cliente que conheceu a Mandalah logo no início contou que presenciou uma cena de superlotação da Saveiro. E achou aquilo engraçado. Hiran Castello Branco, vice-presidente da ESPM, além de amigo, é cliente da consultoria até hoje.

Depois de um evento de lançamento da empresa no auditório da ESPM, os sócios da Mandalah foram chamados pela MTV Internacional para o primeiro trabalho. Logo depois, entrou outro projeto da MaxHaus, um empreendimento imobiliário, depois outro, encomendado pelo portal Terra. No primeiro ano, vendiam o serviço como pesquisa. Segundo Lourenço, para montar uma estratégia primeiro é importante mostrar que você sabe fazer pesquisa muito bem.

No começo, quando os contratos ainda tinham valores entre 5 e 7 mil reais, o que a Mandalah fazia era entregar o resultado de uma pesquisa junto com um aperitivo de orientação estratégica, até conquistar mais espaço nessa área. Depois, o trabalho passou a ir além da pesquisa, apontando direções para os negócios dos clientes.

Quem virou o jogo foi a General Motors. Simpatizante do trabalho da Mandalah, uma funcionária da área de marketing colocou a consultoria de inovação consciente em contato com a agência de publicidade McCann, hoje W/McCann, responsável pela conta da GM. O trabalho consistia em reposicionar a Chevrolet na América Latina.

As 48 horas que antecederam e vieram depois da apresentação do trabalho final para a GM foram uma saga. Igor e Lourenço estavam praticamente sem dormir. Haviam feito uma palestra em São Paulo de manhã e seguiram para o aeroporto de Congonhas no fim da tarde, onde pegariam um voo para Santa Catarina, para outra palestra. Era a época do caos aéreo. Em pleno portão de embarque, vendo o nervosismo dos passageiros por causa dos atrasos, colocaram o Gayatri Mantra, um dos mantras mais populares na Índia, cantado para pedir proteção, para tocar em uma caixinha de som portátil. O feito evitou confusão maior, mas o voo atrasado só chegou a Florianópolis quatro horas da manhã.

Depois do compromisso no Sul, a dupla faria de lá uma reunião por telefone com uma agência, para finalizar a apresentação para a GM. Os dois, cansados, revezavam-se entre o telefonema e uma soneca. De volta de Santa Catarina, prestes a pousar em Congonhas, o avião arremeteu e seguiu para Guarulhos. De lá, pegaram um ônibus para São Paulo e ainda seguiram para São Caetano, para a reunião na GM.

Ao entrar na sala, os dois se surpreenderam com a audiência. Só havia gente do alto escalão da companhia. Formavam o grupo o presidente da GM da América Latina, o do Brasil, diretores da Argentina, Paraguai, Uruguai, fora os representantes de agências de publicidade. Uma sala com cerca de quarenta executivos esperando a proposta de dois jovens sobre o reposicionamento da Chevrolet, que quase foi adiada por conta de um contratempo. Depois das noites sem dormir, do cansaço e do estresse, Igor teve uma indisposição e passou mal. Lourenço não parava de transpirar.

Apesar de toda a tensão, a parte mais difícil ainda estava por vir. Como resultado do trabalho, Igor e Lourenço estavam prestes a dar a seguinte notícia para a montadora: o carro estava se tornando o cigarro do século XXI e, sendo assim, o novo posicionamento da Chevrolet na América Latina deveria ser pautado na crença de que o automóvel é responsável por muitos problemas enfrentados na cidade, como poluição, trânsito, custos altos, violência...

Antes que a bochecha de um dos presidentes começasse a latejar ainda mais, uma voz em defesa dos dois garotos ajudou a quebrar o gelo. Uma diretora classificou a ideia de visão de futuro. Na sequência, outras pessoas se manifestaram favoravelmente à proposta. Embora Lourenço classifique a apresentação como uma das mais toscas que a Mandalah já fez, ali foi plantada a semente de um trabalho que vem sendo construído ao longo de cinco anos. Em um movimento importante para sua história, a GM está se colocando atualmente no mercado não mais como General Motors, mas como General Mobility.

O primeiro fruto colhido da turbulenta apresentação veio pouco tempo depois, em um momento dos mais oportunos para a Mandalah. Lourenço foi dar uma palestra em Londres e se hospedou “em casa”. O pai era o embaixador do Brasil em Londres. Estava lá quando recebeu um telefonema de Igor, na manhã de uma sexta-feira, para avisar que a nova casa da Mandalah tinha sido assaltada. Eles haviam se mudado pouco tempo antes para o endereço da Vila Madalena. Equipamentos e computadores foram roubados.

Depois do telefonema de Igor avisando sobre o assalto, Lourenço voltou de Londres ao Brasil e, graças ao contrato fechado com a GM dos Estados Unidos, puderam comprar todos os equipamentos e o que mais havia sido levado. Fizeram isso com o dinheiro do primeiro grande contrato da Mandalah, de muitos outros que ainda viriam. “Oitenta mil dólares, velho!” Foi o que Lourenço disse a Igor naquela época, antes de os dois irem para janela gritar: “*They can take our life, but they'll never take our freedooom*!!!”.

MODELO DE NEGÓCIO

Embora ainda não seja remunerada como grandes nomes em consultoria, como a McKinsey ou a BCG — o que Lourenço atribui ao caráter inovador e sem referências nacionais ou internacionais —, a trajetória da Mandalah é de crescimento. De 2007 para 2008 aumentou seu faturamento em 50%, taxa que manteve no ano seguinte. Em 2010, o crescimento explodiu e o faturamento cresceu 180%. Um ano depois, recuou e ficou do mesmo tamanho no ano seguinte. A expectativa é de que em seu sétimo aniversário tenha seu melhor faturamento.

A operação da Mandalah é enxuta e a empresa ainda conta com uma administração financeira “estratégica e responsável”, como define Lourenço. Sem correr grandes riscos, os sócios ficam menos sujeitos aos impactos de uma flutuação sazonal do mercado. Já foram mais cautelosos, com regime de contenção de custos. A equipe no Brasil chegou a ter 21 pessoas e depois recuou para quinze, número em que se estabilizou.

Em média, administram cinco projetos ao mesmo tempo, para manter elevado o nível da entrega de cada trabalho. São quatro gerentes de projetos, funcionários que lidam com equipe e clientes. Um deles é inglês, outro, americano.

Segundo Lourenço, uma das maiores dificuldades que enfrenta é na contratação de profissionais. Por isso, muitas vezes vai buscá-los fora do Brasil. Para ele, além de toda a competência técnica, da bagagem cultural e acadêmica, o funcionário da Mandalah precisa ter versatilidade e sensibilidade, capacidade de conversar com quem tem pontos de vista diferentes dos seus. Devem ser pessoas dedicadas e comprometidas, curiosas e proativas. Mas, sobretudo, interessadas não apenas em deixar um legado, mas em viver o legado. Isto é, fazer cada dia valer a pena.

Para abordar o aspecto humano e a inovação consciente, ao propor negócios e ações que gerem lucro para as empresas ao mesmo tempo em que beneficiem as pessoas, algumas características estão no DNA da Mandalah, segundo Lourenço. Entre elas, o interesse pelo ser humano e a forma como procuram cultivar as relações. Nas visitas, reuniões e encontros com clientes sempre há uma quebra de protocolo, seja na forma dos funcionários se vestirem, na maneira como apresentam o resultado dos trabalhos, no jeito como cumprimentam as pessoas.

Quebrar protocolo ajuda a desconstruir certas convenções impostas por hierarquias ou normas em ambientes corporativos. Além disso, o diálogo proposto pela consultoria, de que todo mundo pode se dar bem junto, gera empatia.

A equipe multicultural e multidisciplinar faz com que a Mandalah consiga trazer novos olhares para temas diversos. Pessoas com bagagem cultural, acadêmica e profissional eclética contribuem com inúmeras referências, o que enriquece o processo de desenvolvimento dos projetos, fazendo perguntas inusitadas na busca por soluções inovadoras. Além de a equipe ser multicultural e multidisciplinar, a metodologia de trabalho da Mandalah implica em trazer profissionais, especialistas, representantes de ONGs, do governo e da sociedade civil para juntos debaterem uma agenda comum, como foi o caso nos projetos com o Sebrae Minas e a General Motors.

OPERAÇÃO GLOBAL A operação de expansão da Mandalah para o mundo é outro diferencial. O processo foi totalmente orgânico, baseado em pontos de interesse comuns, sem capitalização, mas com parcerias. Em 2007, Lourenço trocava e-mails com um executivo mexicano, que havia lido um artigo seu para uma revista britânica. Os dois se encontraram pessoalmente depois de uma palestra do fundador da Mandalah em Medelín, na Colômbia.

Conversaram, simpatizaram um com o outro, e começaram a costurar a ideia de ter uma "filial" da consultoria no México. O executivo era diretor de inovação de uma companhia de entretenimento e eventos e estava disposto a representar a Mandalah em seu país de origem. Dessa forma, a empresa ganhou seu primeiro braço fora do Brasil.

A Mandalah já tinha clientes internacionais e, às vezes, contratava terceiros para a realização de algum trabalho. Foi assim com uma empresa em Nova York, para uma pesquisa de tendência, em que atuaram em conjunto em um mesmo projeto. A experiência deu certo e, de ambos os lados, surgiu a vontade de aproximação.

O dono da empresa de Nova York era um alemão que Lourenço já conhecia havia algum tempo. Fazia anos que ele trabalhava na mesma área e queria mudar. Além de Nova York, sua empresa possuía um escritório em Tóquio e outro em Berlim, que na época estava desativado. Lourenço estava pronto para ocupar outros lugares no mapa. Os dois fizeram o acordo: um lado entraria com a metodologia, os *cases* e o nome, e o outro, com os endereços e a estrutura dos escritórios nas três cidades. Com o acordo, a Mandalah passou a existir de uma só vez em mais três lugares do mundo.

No caso de Nova York, Tóquio e Berlim, os responsáveis pela operação das empresas são sócios naquele escritório específico. No México, o acordo é diferente e funciona como um licenciamento de marca. A Mandalah recebe uma porcentagem do faturamento. Apesar do modelo de negócio ser outro, existe de fato uma operação global articulada por todos os escritórios. De sua casa nos Jardins, em uma quarta-feira à noite, Lourenço conduzia com fone de ouvido e iPhone a reunião mensal, que começou pontualmente às oito da noite, com os representantes da Mandalah no mundo.

Apesar do clima informal e descontraído da conversa de pouco mais de uma hora e meia, a pauta incluía assuntos importantes, como a integração e melhoria de toda a parte digital da empresa, do site às redes sociais. Além de algum tema comum a todos escolhido para ser o destaque da reunião, cada um também dava retorno sobre projetos importantes realizados nas diferentes unidades. Embora esteja em seis cidades do mundo, a Mandalah procura manter o molejo, a flexibilidade e o jogo de cintura característicos de seu país de origem.

Ao longo de 2013, Lourenço assumiu o cargo de CEO global, passando boa parte do tempo no escritório de Nova York, para articular a operação mundial da empresa. Lourenço conta que todo mundo já está preparado para a criação de uma *holding* e para que cada escritório seja sócio. A ideia é que todos possam ser sócios de todas as operações. A repartição da porcentagem, inclusive, já está pensada.

A articulação não acontece à toa. No fim de 2012, a Mandalah foi sondada por um grande grupo de mídia internacional, que manifestou interesse em comprar a operação global da empresa. A transação só não foi realizada porque a consultoria de inovação ainda é um empreendimento de pequeno porte. Sobre o episódio, Lourenço conta que, durante um telefonema no Rio, questionou o que havia motivado o interesse do grupo na Mandalah.

Ouviu como resposta que apesar de ainda serem pequenos, eles representam inovação. A conversa não foi para a frente, pelo menos por enquanto. Mas, para o fundador e sócio majoritário da Mandalah, é saudável e interessante dividir ações com quem pode agregar valor à empresa. Foi o que aconteceu em meados de 2013, quando Roberto Martini, da Flag, comprou 5% da Mandalah e tornou-se sócio da empresa.

Atualmente, a Mandalah possui outros sócios minoritários, Sérgio Andrighetti, do departamento financeiro, e Tom Moore, que se tornou CEO da Mandalah Brasil, já que Lourenço passou a dividir o tempo entre São Paulo e Nova York para cuidar da operação global. Igor continua sócio da Mandalah, mas afastou-se do dia a dia da empresa.

A parceria com a Flag deve gerar novos projetos, além do uso da estrutura da holding pela Mandalah, como departamento jurídico, administrativo e de comunicação. Da parceria, também saíram duas outras novidades: a mudança da marca da Mandalah e a de endereço. O novo logo, pensado a partir de uma onda de som de um mantra, com fundo azul-turquesa, foi criado pelo departamento de comunicação da Flag, assim como o novo site da empresa.

A Mandalah passa a dividir o espaço físico em um dos escritórios da Flag, na rua Natingui, na Vila Madalena, mesmo endereço da Mesa & Cadeira. No seu sétimo ano, a Mandalah está deixando a casa da rua Madalena, onde por algum tempo, em momentos difíceis, Lourenço e Igor adquiriram o hábito de ouvir o Gayatri Mantra, o mesmo que colocaram para tocar no portão de embarque, antes de viajar para Santa Catarina. De lá, guardarão boas lembranças. Além de entoarem as palavras do personagem de Mel Gibson em *Coração valente* para comemorar as conquistas, também costumavam repetir o som meio tribal "Mandala Mubaka, Mandala Mubaka, Mandala Mubaka..." quando desejavam muito que alguma coisa acontecesse.

Lourenço garante que a prática ainda funciona.

Um olhar positivo para o mundo

Em 2012, Igor resolveu virar a página e sair da operação da Mandalah. Tomou a decisão no auge da empresa. Sobre a atitude, diz que pesou o fato de querer trabalhar mais diretamente com o público final e não tanto com clientes e executivos. Como empreendedor, teve vontade de atuar "em escala mais humana" e na parte tática — cujo impacto, a repercussão e o resultado acontecem a curto prazo — e menos estratégica, como fazia na empresa que fundou. Outro fator foi achar que já não estava mais exercendo todo seu potencial e por isso optou por seguir outro caminho. Sentiu necessidade de voltar a aprender. Além disso, por conta de um caso de doença na família, quis estar mais perto dos parentes.

Junto com a mulher, Igor é sócio do portal As Boas Novas, site de notícias que traz informações com uma visão mais otimista do mundo. Para Igor, a abordagem do site é o que faz a diferença. Eles querem falar de boas causas e sustentabilidade de um jeito *fresh*, *cool* e *sexy*. Uma das principais tarefas de Igor na empresa é estruturar o modelo de negócio. Além do conteúdo produzido para o público final, ou seja, diretamente para o leitor, As Boas Novas produzem conteúdo sobre sustentabilidade e boas causas para empresas.

Entre os clientes do portal já passaram o banco Santander, a Fundação Telefonica e as empresas Amata e Pepsico. Com a chegada de Igor, outro trabalho começou a ser desenvolvido. O de consultoria na área de comunicação e sustentabilidade. Basicamente, eles ajudam clientes a entender como podem falar de sustentabilidade e boas causas, o que há de novo para ser dito sobre tais assuntos e como a empresa pode atrelar valores da marca nesse segmento. A partir disso, o portal desenvolve um plano de comunicação. Natura e Petrobras estão trabalhando com eles dessa forma.

Além do site, Igor também foi convidado para atuar como curador de conteúdo na *Scholl of Life Brazil*, em São Paulo, projeto do filósofo e escritor Alain de Botton, que chegou ao país no início de 2013. Mas o empreendedor já começa a idealizar a próxima empresa, que faz parte de sua tese de mestrado na London Metropolitan University. Ele quer trabalhar com algo que deriva da educação. Pretende construir um lugar onde as pessoas possam "descobrir o que já sabem" e ajudá-las a exercer seu potencial máximo, ou seja, a encontrar seu maior dom.

As cabeças por trás da Mandalah

Nome Lourenço Bustani
Data de nascimento 27 de fevereiro de 1980
Onde mora Nova York, NY
De onde é Nova York, NY
Família Pais diplomatas. Tem dois irmãos, um morando no Brasil, outra, na Inglaterra
Formação Relações internacionais e ciências políticas na Universidade da Pensilvânia
Outros trabalhos Passou pela ABN Amro — Finanças Corporativas (Grupo de Internet) em Amsterdam e pela A.T. Kearney, em Nova York. Começou a trabalhar com consultoria em gestão de marcas na FutureBrand em Nova York e São Paulo e depois atuou na Brand Up — Consultoria em Gestão de Marcas, em São Paulo
Outras atividades Faz natação, ioga, joga tênis e gosta de ler
Causa Viver com amor no coração

"Pílula inspiradora" para um empreendedor criativo
"Your heart is a weapon the size of your fist. Keep fighting, keep loving."

Nome Igor Botelho
Data de nascimento 23 de maio de 1982
Onde mora São Paulo, SP
De onde é São Paulo, SP
Família Pai dentista, mãe juíza. Tem uma irmã, também dentista
Formação Estudou no Colégio Agostiniano Mendel do maternal ao colegial. Formou-se em Propaganda e Marketing na Universidade Metodista de São Paulo. Fez Escola Panamericana de Arte e estudou fotografia. Faz mestrado na London Metropolitan University
Outros trabalhos Começou a trabalhar cedo, como atendente de telemarketing. Gostava de escrever e desenhar, mas por causa de um problema de saúde precisou tomar remédios que o faziam tremer muito. Parou de desenhar e foi fazer fotografia. Trabalhou como fotógrafo por cinco anos, em revistas e estúdios. Fazia faculdade de manhã, fotografia à noite e trabalhava em uma agência de publicidade à tarde, como redator. Algum tempo depois foi para a agência de tendências Voltage, onde conheceu Lourenço
Outras atividades Pratica natação, corre, toca instrumentos de meditação, violão e percussão, frequenta grupos de autoconhecimento, escreve e fotografa (agora como hobby)
Causa Fazer a sua parte para que o mundo seja um lugar melhor. Isso é ser um ativista

“Pílula inspiradora” para um empreendedor criativo

Saia do "egossistema" para resolver um problema do ecossistema. Se você cuidar do seu entorno, vai fazer o seu melhor papel.

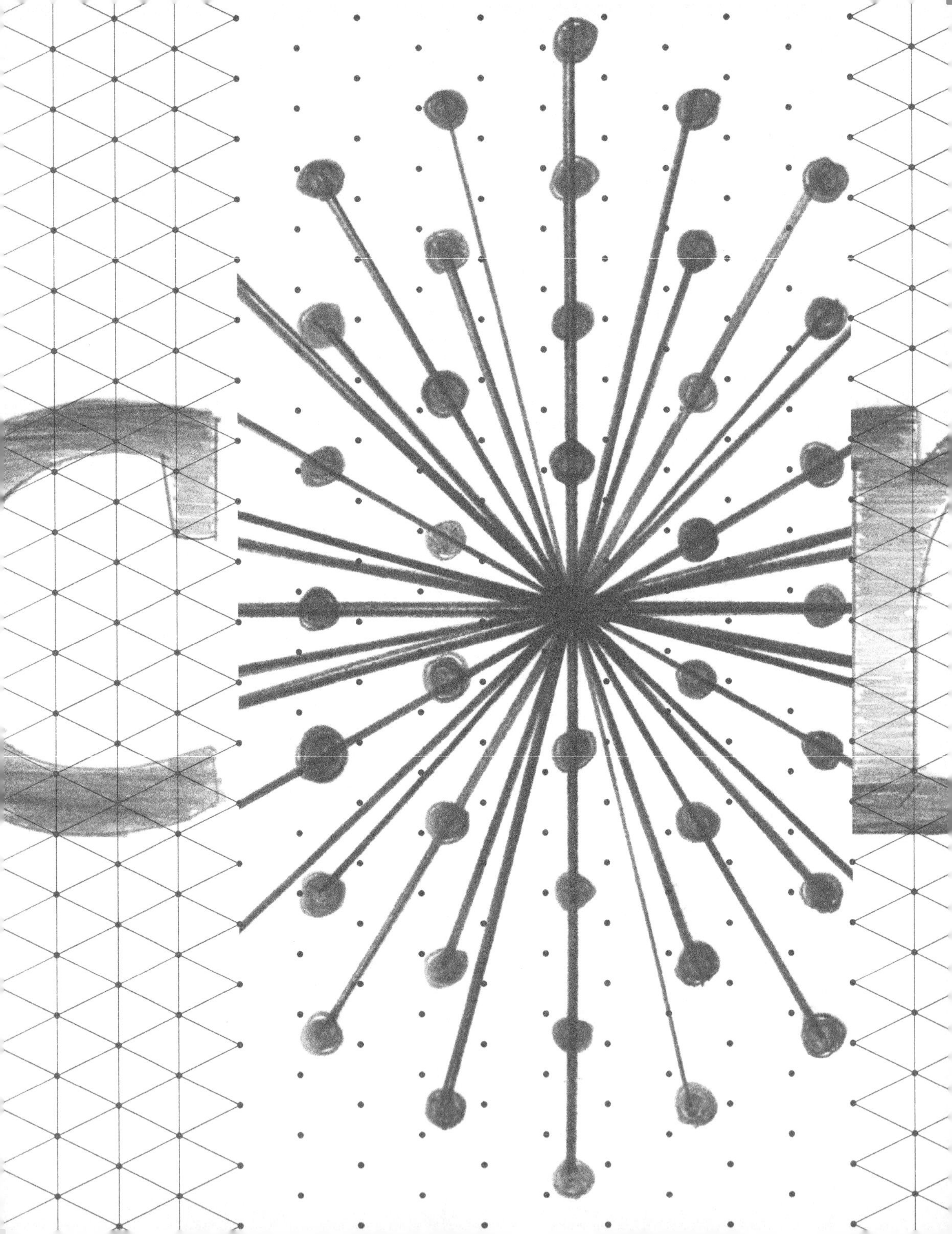

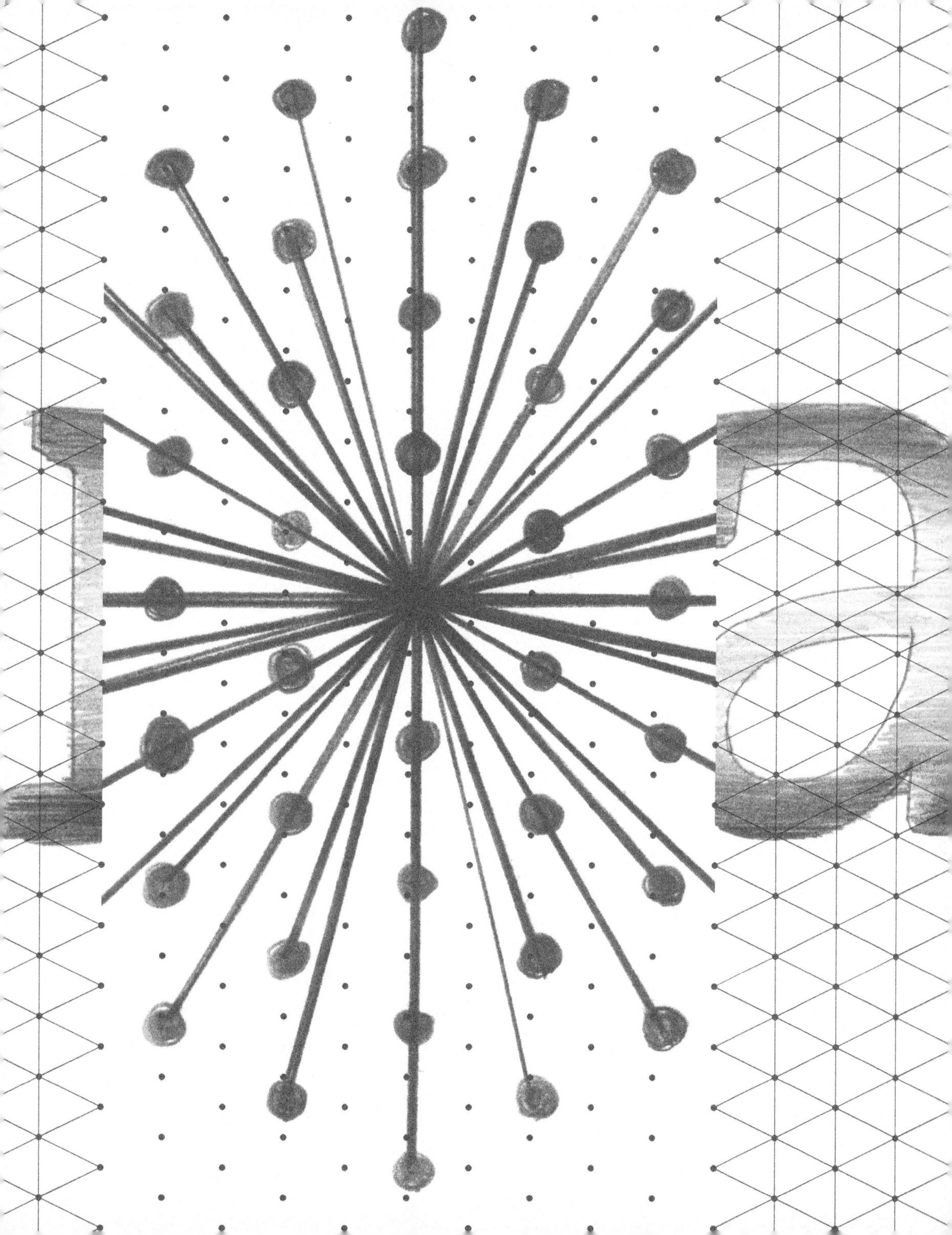

CRIA

NOME CRIA
O QUE É OUTRA PARADA
FUNDAÇÃO NOVEMBRO DE 2010
SÓCIOS DHAVAL CHADHA, FLORENCIA ESTRADE E FRED GELLI
PROPÓSITO DESENVOLVER E IMPLEMENTAR NEGÓCIOS DE VALOR COMPARTILHADO

OUTRA PARADA Inaugurada em 2010 por um brasileiro, Fred Gelli, um indiano, Dhaval Chadha, e uma uruguaia, Florencia Estrade, a empresa Cria nomeia o que faz de OP, ou "outra parada". Não é apenas consultoria, embora faça consultoria também. Não é exatamente pesquisa, embora ofereça pesquisa também. A diferença está na abordagem com o cliente, na entrega original dos trabalhos, na forma de desenvolvê-los e, principalmente, no tipo de projeto em que se envolve. Se o objetivo for apenas comercial, não é um negócio para a Cria.

Localizada em uma bela e espaçosa casa no bairro de São Conrado, no Rio de Janeiro, a empresa tem uma equipe fixa de seis pessoas, além dos três fundadores. Outro brasileiro, o empreendedor Tiago Mabilde, é o quarto sócio. Os perfis de toda a equipe ajudam a revelar o DNA do empreendimento. A começar pelo dos idealizadores, que têm formação em ciências sociais, futurismo, design e negócios. Os funcionários são "generalistas", como definem. Pessoas que fundamentalmente conseguem gerenciar um projeto do começo ao fim, da parte técnica à gestão e relacionamento. No time há publicitário, atriz, administrador, engenheira e designer.

Além do elenco fixo, a Cria trabalha com parceiros de áreas como empreendedorismo, tecnologia, inovação social, arte e design, que convida de acordo com a natureza dos projetos que assume. Fazem parte do *dream team*, como o grupo é chamado, o rapper e ativista da favela do Acari, Wesley, os sócios fundadores da Perestroika, Tiago Mattos e Felipe Anghinoni, Brian David Jonhson, diretor de futurismo da Intel, Marcos Faustini, diretor de teatro, e Andrew Hessel, codiretor de biotecnologia da Singularity University.

Além deles, a Cria trabalha com um conselho global formado por nomes como Ricardo Young, ex-presidente do Instituto Ethos, Luiz Alberto Oliveira, curador do Museu do Amanhã, Fabio Coelho, presidente do Google Brasil, e Dave Blakely, estrategista de tecnologia.

O objetivo da empresa é encontrar, desenvolver e implementar negócios de valor compartilhado e ajudar empresas a pensar em novas formas de fazer negócio. Mas também atua em outras duas frentes: uma delas é no mapeamento de cenários de futuro. Ou seja, orienta empresas a pensar nos próximos cinco, dez anos. Na outra frente, pensam de forma sistêmica em inovação. Criam diferentes modelos para que companhias possam incorporar áreas de inovação e novos negócios e fazê-las funcionar.

Um exemplo do trabalho que fazem na área de novos negócios, inovação e engajamento social foi o realizado com uma grande operadora de telefonia. Com a missão de impactar pessoas de comunidades cariocas dando a elas mobilidade plena, a equipe da Cria subia os morros do Rio de Janeiro em 2012. Começava assim um grande trabalho de pesquisa de campo. A tarefa inicial era fazer um mapeamento de oportunidades, a partir de entrevistas com moradores, entrando em suas casas e conhecendo seus hábitos e sua relação com a tecnologia.

Pesquisa em mãos, a equipe voltou com cinco ideias para combater aquilo que impedia as pessoas de ter mobilidade, usando o celular pré-pago como ferramenta. Como resultado, desenvolveram alguns aplicativos gratuitos para serem utilizados pelos moradores. Criaram uma espécie de LinkedIn para autônomos, onde qualquer um pode buscar indicação para diferentes tipos de serviço, como o de um eletricista ou pintor. É possível criar um portfólio e os usuários podem avaliar e recomendar os serviços. É como uma central de indicações de serviço úteis. Na fase de teste, o aplicativo já contava com quinhentos cadastrados.

Um aplicativo que informa como está seu orçamento, programado para não deixar as pessoas se endividarem, foi outro produto inventado. Tudo de forma simples. Funciona como um gerenciador de contas, como prestações de bens adquiridos, aluguel e outros pagamentos.

Além dos aplicativos, também inventaram dois outros módulos para que as pessoas aproveitem melhor as funcionalidades que um celular já tem. Criaram assim um SMS para empreendedores. A partir da pergunta "O que poderia melhorar seu negócio?" surgiram ideias como a de fazer um alerta para avisar a comunidade do momento exato em que o pão da padaria saiu do forno e ainda está quentinho. É quando o padeiro mais vende. O outro produto funciona como uma espécie de orientador para navegação segura de adolescentes na rede.

O trabalho da Cria, realizado na Rocinha, no Borel e no Complexo do Alemão, levou cerca de três meses entre pesquisa e cruzamento de dados. No final, prototiparam os produtos, com parceiros como a Engage, até chegarem à fase de como ensinar às pessoas das comunidades a usar os aplicativos e serviços. Dois gerentes de projeto da empresa de telefonia também estiveram envolvidos na ação, além de outros trinta funcionários, que participaram de workshops.

Já com a Coca-Cola, a Cria redesenhou a estratégia da marca na área social. Após um estudo sobre a interação com famílias de baixa e média renda, criaram uma série de ações como, por exemplo, marketing de causa.

ENCONTRO EM SAN FRANCISCO Dhaval e Florencia trabalharam juntos na ONG CDI. Ele, formado em futurismo e ciências sociais. Ela, experiente na área de business, estudiosa de mercados como Índia e Bangladesh, especialista em negócios sociais. Os dois conheceram Fred — fundador da empresa Tátil Design de Ideias, premiado diretor de criação, um dos idealizadores da logomarca dos Jogos Olímpicos do Rio em 2016 — em um trabalho comum para a Coca-Cola, em 2009. Na sequência, Dhaval convidou Fred a participar do TEDx Sudeste, de que foi curador. Fred fez a palestra no evento e, logo depois, chamou o jovem empreendedor para trabalhar com ele. Dhaval respondeu que gostaria de trabalhar com Fred, mas não na Tátil. Ele e Florencia tinham uma ideia de um novo negócio e queriam fazer uma proposta.

Quando Dhaval concluiu seu curso de futurismo na Singularity University, recebeu em San Francisco a visita de Fred e Florencia. O encontro rendeu frutos e os três elaboraram juntos a criação da nova empresa, cujo objetivo seria encontrar, desenvolver e implementar novas formas de fazer negócio — sustentáveis e de valor compartilhado. Os três definiram nome, missão e valores da Cria na cobertura do hotel Hyatt, em outubro de 2010.

Compartilhavam da opinião sobre a importância de transformar o papel das empresas. Fred trouxe para a discussão um modelo de relacionamento entre marcas e pessoas em que vinha trabalhando havia anos. Florencia e Dhaval, a visão de inovação para projetos de impacto social.

Não demorou muito para Dhaval e Florencia passarem a trabalhar dentro do escritório da Tátil na formatação da nova empresa. Foi ali que a Cria começou a funcionar, no mesmo ano, em 2010. Passados três meses, mudaram para uma casa cujo tamanho é um quinto do endereço atual, localizado muito próximo ao antigo. Ficaram na primeira casa durante todo o ano de 2011, até o imóvel ao lado vagar.

Além da expectativa de que a Cria ainda fosse crescer um pouco mais, os sócios já tinham a ideia de abrir uma impulsionadora de novos negócios. Em breve, precisariam de mais espaço. Um ano depois de ser lançada, a Cria começou a se pagar, e os sócios resolveram aproveitar a oportunidade. Mudaram-se em 2012 para a casa vizinha, no endereço da Estrada da Gávea, no bairro de São Conrado, Rio de Janeiro. A casa com jardim, grama, árvores, passarinhos e com cheiro da mata, tem salas grandes e iluminadas, chão de taco e pé-direito alto. Acomoda tranquilamente as vinte pessoas que a Cria, junto com seu novo empreendimento, a Pipa, espera ter nos próximos anos. Já o primeiro endereço da empresa transformou-se na casa de Dhaval, que morou lá por oito meses.

MODELO DE NEGÓCIO

Dependendo do que a empresa contratante do serviço precisa, a Cria desenha seu modelo de negócio. Pode apenas desenvolver uma ideia e entregar para ser executada, ou pode desenvolver a ideia e implementá-la. Outra possibilidade é chamar uma terceira empresa para implementar uma ação ou ainda, criar um novo negócio apenas para execução de determinado projeto. Foi o que aconteceu, por exemplo, no Mundo da Reciclagem, trabalho realizado para a Natura.

Em outros casos, pode entrar como sócia de um projeto específico. Há ainda a intenção de criar uma área na empresa para ideias da própria Cria, ou a Cria Ventures. Se uma marca se interessar por aquela ideia, a Cria entra como sócia no desenvolvimento. Entre os clientes que buscam "outra parada" estão a Coca-Cola, a Natura, a TIM, o Museu do Amanhã e a Fundação Roberto Marinho. Para a Cria, o pensamento sustentável na hora de fazer negócios não está separado do lucro. Assim como projetos sociais dentro de uma empresa não precisam estar separados da área de business.

Para Dhaval, o primeiro passo para os novos negócios é o entendimento de que aqueles que nascem ou são gerenciados simplesmente com a intenção de gerar lucros para os sócios e acionistas não serão mais relevantes no futuro. Essa postura pode fazer com que grandes empresas morram mais rápido, por não conseguirem ter relevância em um contexto que está mudando radicalmente.

Contexto em que há preocupação com o meio ambiente, com as relações entre pessoas, com o trabalho. Graças a isso, a consciência do consumidor, e também do funcionário, é outra. Daí a importância dos negócios de valor compartilhado — um tipo de negócio que considera a interdependência e a diversidade como princípios de um futuro sustentável e desejável.

O futurista acredita que os executivos já começaram a perceber a necessidade de mudar a forma de fazer negócio. Ele cita uma pesquisa com CEOs mostrando que 83% deles estão convencidos da necessidade de ir em outra direção, de pensar em novas estratégias de negócios, de como se relacionar melhor com o consumidor, com o cliente, com os funcionários e com o meio ambiente. Ainda de acordo com Dhaval, a questão extrapola a percepção da necessidade de mudar de rumo. O problema agora é quão rápido as empresas conseguem mudar o rumo.

Como é difícil mudar a cultura dentro de uma grande corporação, as empresas buscam essa inteligência em lugares como a Cria.

Segundo Fred, o fato de ser rigorosa no critério de escolha dos projetos em que se envolve — principal diferencial da empresa — impõe um desafio constante. O de se manter apenas trabalhando com propostas que tragam engajamento e benefício da sociedade. Por outro lado, ele diz que existe uma rede de empresas sensíveis a esses temas e preocupadas em vincular a marca a tais valores. Além disso, é papel da Cria contribuir na ampliação dessa rede.

DINÂMICA EM ESPIRAL E A TEORIA INTEGRADA A nova forma de fazer negócio proposta pela Cria é influenciada por teorias como a Dinâmica em Espiral e a Teoria Integral, além de pensadores como Ken Wilber, Clare Graves e John Searle. A aplicação das teorias em novas formas de fazer negócio baseia-se na crença de que no futuro haverá um amadurecimento da humanidade como espécie, segundo Fred Gelli, e no pensamento de que há outros níveis de consciência. Ainda de acordo com Fred, parte do trabalho da Cria é provocar e influenciar as pessoas para que entendam que as mudanças são necessárias para um futuro viável.

As teorias tratam dos diferentes níveis de consciência. Dhaval explica que, de acordo com esses pensamentos, o primeiro nível de consciência está ligado ao lado mais instintivo e primitivo do homem. Depois vem a fase da magia, do misticismo, em que o ser humano passa a rezar e acreditar em deuses. O próximo nível é de um momento mais egocêntrico, em que a função do homem no mundo passa a ser mais individualista e voltada para o sucesso.

Há ainda o momento do autoritarismo, da ética, da criação de regras. O estágio seguinte é do nível racional e científico, mais ambicioso e corporativo. É o período da revolução industrial, do renascimento e modernismo. Depois dele, começa a surgir um pensamento mais plural, colaborativo e relativista, em que o fim das hierarquias tradicionais começa a aparecer. Todos fazem parte da chamada primeira camada de consciência.

A partir de então, vem a segunda camada de consciência, onde há entendimento das diferenças de pensamentos e talentos e o propósito de fazer com que tudo funcione em um sistema só, de forma integrada.

Dhaval acredita que no Brasil a sociedade começa a ir na direção de um nível um pouco mais colaborativo. Isso se deve ao surgimento de empresas que começam a trabalhar de forma diferente, preocupadas com conceitos como interdependência, negócios sustentáveis e de valor compartilhado, em processos em rede e cocriação.

INOVAÇÃO Uma das áreas de atuação da Cria é pensar de forma sistêmica em inovação dentro de empresas. Isso pode ser feito de duas maneiras, dentro ou fora do ambiente corporativo.

Para Dhaval, uma forma de pensar inovação dentro de uma empresa é escolher um grupo de funcionários e trazê-los para a área de inovação. Trabalhar com o grupo e fazer com que ele circule por diferentes setores da companhia, para depois recolocá-lo no seu departamento de origem. Na sequência, outro grupo vai para a área de inovação e passa pelo mesmo processo, e assim por diante. Ao tirar as pessoas do contexto e depois devolvê-las aos seus departamentos é provável que elas influenciem a equipe com ideias originais, novos negócios e uma postura mais criativa.

Em empresas muito grandes, a tarefa de implementar inovação sistematicamente pode ser ainda mais difícil. Uma possibilidade é o modelo de incubadora corporativa. Ou seja, criar um ambiente em que funcionários possam inventar novos projetos ou mesmo novas empresas. Essas incubadoras podem ainda receber empreendedores de fora. Se o novo negócio inventado for interessante, a empresa tem a oportunidade de comprar uma parte, ajudar o negócio a prosperar e dividir os lucros.

Dhaval defende uma postura mais empreendedora dentro das empresas, como o caminho para que elas se mantenham vivas. Ele cita um estudo que mostra que a idade média de grandes corporações caiu ao longo do século passado. Era de setenta anos em 1920 e passou para quinze.

Ainda segundo o indiano, se os números nos levam a imaginar que as empresas como as conhecemos hoje podem morrer, as marcas devem ficar. Como manter seu valor, sua proposta, sua razão de ser e, principalmente, como reinventar seu negócio, conforme a relevância e as circunstâncias do momento são a chave para a sobrevivência. De acordo com Fred Gelli, parte do trabalho da Cria ajuda na busca por essas respostas a partir do entendimento de que as marcas farão parte da vida das pessoas e serão protagonistas dentro de futuros desejáveis.

E como uma empresa que se propõe a implementar sistemas de inovação se mantém inovadora? Para Dhaval, com humildade, ampliação de repertório e contato com pessoas inspiradoras. Humildade para ter consciência de que provavelmente o que você faz já não deve ser o que há de mais inovador. Sempre terá alguém inventando algo ainda mais interessante. Partindo dessa premissa, você precisa ter humildade e entender que pode ser ainda mais inovador, criativo e fazer melhor.

Graças a isso, a busca pelo que está sendo feito de mais criativo e inovador não para. Esse é um processo contínuo de aprendizado. Manter contato com pessoas de destaque em suas áreas, que estão inovando, fazendo diferente, também é fundamental. Ir a conferências, estar inserido no mundo do TED, Singularity University e mesmo no mundo científico também ajuda. Aumentar o repertório com referências e informações atualizadas complementam o processo.

UMA IMPULSIONADORA DE NOVOS NEGÓCIOS Na manhã de um sábado ensolarado, um grupo de cerca de trinta pessoas abria mão do tentador programa de ir à praia. Na mesma casa charmosa e agradável onde funciona a Cria, executivos e empreendedores tomavam café da manhã servido no belo jardim, com frutas, pães, bolo e café com leite. Depois de vários minutos de bate-papo descontraído, o grupo era chamado para entrar na sala e se acomodar entre as cadeiras e pufes espalhados pelo chão. Um simpático cachorrinho branco circulava entre as pessoas, que aguardavam o início da aula. Começava mais um dia do primeiro curso da empresa recém-lançada, a impulsionadora de novos negócios, Pipa, fruto de uma parceria entre Cria, Tátil e Engage e da colaboração de outros empreendedores, como os sócios da Perestroika.

Com a assinatura "impulsionando ideias que criem um futuro desejável", a Pipa busca usar a capacidade criativa de seus sócios e parceiros para impulsionar negócios com capacidade de contribuir para um mundo melhor. O foco está em empreendimentos ligados a educação, saúde, inclusão digital e meio ambiente.

Se a Cria ajuda clientes do meio corporativo a pensar novas formas de fazer negócio, o foco da Pipa é ajudar empreendedores a fazer isso. A ideia da empresa nasceu do desejo dos sócios de trabalhar com empreendedores e da frustação de muitas vezes não participar da implementação de projetos realizados para corporações.

Nasceu também da proximidade de empreendedores criativos que queriam ter um lugar para incubar ideias — tanto as de clientes como as próprias. Queriam uma incubadora em que pudessem criar novas empresas ou ajudar outros empreendedores a viabilizar seu próprio negócio.

Dhaval foi atrás de algumas pessoas que já conhecia e achava que poderiam ser bons parceiros para o projeto. Entrou em contato com os sócios da Engage, que precisavam de um lugar para acelerar projetos de pessoas que não davam conta de atender como clientes. A Engage é uma empresa de desenvolvimento de software, de design, de integração, usabilidade, interface e estratégias de engajamento social. Outra empresa que faz parte da idealização da Pipa é a Tátil.

Os sócios da escola de criatividade Perestroika, Tiago e Felipe, também estão entre os parceiros da Pipa. Foi ao lado de Tiago que Dhaval realizou a missão de conversar e envolver pessoas para o novo empreendimento, no início de 2012.

Everson Lopes, que cuidou da incubadora do site Buscapé, estudou na Singularity University e foi sócio da Ideiasnet; também entrou como sócio na Pipa e, assim como Dhaval e Tiago, investiu tempo e dinheiro.

Atenta ao potencial de ideias transformadoras, a Pipa reuniu um time composto de diferentes talentos para dar suporte, estrutura e networking a novos negócios.

O modelo para que isso funcione foi desenhado assim: a Pipa oferece um curso e abre inscrições aos interessados. No primeiro curso, receberam 161 inscrições de pessoas e seus projetos. Ao final da seleção, chegaram em quinze empresas. Dez delas receberam bolsa para fazer o curso de graça. As outras cinco foram selecionadas para o processo de aceleração. O programa consiste em ajudar a nova empresa no que ela precisar, estruturá-la para que receba investimento e possa ter continuidade.

As empresas, que têm de zero até 2 milhões de reais de receita, recebem "mentoria" (de cerca de dez horas semanais com a equipe da Pipa), dinheiro, espaço para trabalhar e até mesmo espaço para os idealizadores morarem, verba para almoço, além do curso oferecido pela Pipa e participação em eventos para networking. Ao final, a Pipa pode entrar como sócia.

Além das vinte vagas para empreendedores, há outras 25 que são abertas ao mercado. Nesse caso, quem quiser participar desembolsa pouco mais de 3 mil reais. São três dias de aulas teóricas e mais três de aulas práticas, ministradas pelo grupo formado pelos sócios da Cria, Perestroika e Engage, além de outros professores convidados. Na primeira edição do curso da Pipa, só a Natura comprou seis vagas para funcionários de sua área de inovação.

De Nova Delhi para o Rio de Janeiro

Aos 27 anos, Dhaval Chadha já tem uma bela história de vida para contar em seu bom português, apesar do sotaque. Moreno, com barba rala e jeito tranquilo, ele lembra da infância em Nova Delhi, onde nasceu e foi criado. Quando criança, morava em um condomínio vizinho a uma das maiores favelas da capital da Índia. Dhaval jogava críquete e futebol com os filhos dos motoristas e faxineiras e frequentava a favela para brincar com os amigos. Depois que o sol caía, cada um ia para um lado do muro que separava os endereços e definia a classe social à qual pertenciam.

Essa diferença de realidades marcou a vida de Dhaval, que estudou no United World Colors (WUC). A instituição de ensino, presente em doze países, foi fundada na época da Guerra Fria e pregava o entendimento entre nações a partir da educação, da tolerância às diferenças e da pluralidade. Teve como pedagogo o alemão Kurt Hahn, que já no começo do século passado desenvolveu uma metodologia educacional para preservar habilidades da criança que se perdem com a vida moderna. Ele falava sobre a falta de iniciativa e empreendedorismo e da importância de incentivar jovens a ter projetos próprios e praticar atividades ao ar livre.

No WUC a formação dos alunos está baseada em uma educação multicultural, de experiências e serviços comunitários. Foi nesse ambiente que Dhaval estudou por dois anos, dos dezesseis aos dezoito, com colegas de oitenta países espalhados pelo mundo, de diferentes classes sociais, religiões e culturas, cumprindo 150 horas de serviços comunitários. Depois da rica experiência no WUC, Dhaval passou em Harvard, onde se formou em ciências sociais. Conta que, na universidade, fez de tudo, graças a um programa de ensino livre e aberto. Assistiu a aulas de política, budismo, filosofia. Fez tudo o que teve vontade, inclusive um intercâmbio no Brasil. Morou em Fortaleza, Salvador e no Rio. Quando voltou aos Estados Unidos, estava decidido a passar mais tempo aqui.

Dhaval candidatou-se a um programa de bolsas oferecido pela Harvard, foi selecionado e voltou ao Brasil para passar um ano. Escolheu o Rio para morar e foi trabalhar na ONG CDI, onde conheceu Florencia. Quando a bolsa acabou, resolveu estender sua estadia. Assinou a curadoria do TEDX Sudeste e fez o curso de futurismo na Singularity University.

Cansado do modelo de ONG e cheio de ideias na cabeça, Dhaval se juntou a Florencia e Fred para abrir o seu negócio.

As cabeças por trás da Cria

Nome Dhaval Chadha
Data de nascimento 12 de junho de 1987
Onde mora Rio de Janeiro, RJ
De onde é Nova Delhi, Índia
Família A mãe, Priyamwada Chadha, é arquiteta; o pai, Jagdeep Chadha, está aposentado. Tem um irmão, Dhruv Chadha, analista de produtos do Google, em Londres
Formação Estudou Liberal Arts na Universidade Harvard e é formado em futurismo pela Singularity University, EUA
Outros trabalhos Sócio fundador da Cria e da Pipa. Foi gerente de inovação na ONG CDI
Outras atividades É baterista, violinista amador, joga futebol, anda de bicicleta, pratica ioga e prepara comida indiana
Causa Criar negócios sustentáveis que criem um mundo melhor e tentar acelerar o processo de evolução da consciência (dele e das pessoas)

"Pílula inspiradora" para um empreendedor criativo
Você só tem uma vida para tentar criar o mundo em que você gostaria de viver.

Nome Florencia Estrade Cendan
Data de nascimento 27 de outubro de 1975
Onde mora Rio de Janeiro, RJ
De onde é Uruguai
Família A mãe trabalha na área de viagens e o pai é medico
Formação Fez MBA na Universidade da Califórnia em Berkeley e pós-graduação em marketing na Universidade Católica do Uruguai
Outros trabalhos Consultoria estratégica na McKinsey do Rio de Janeiro e consultoria na Ecg California. Também foi gerente de produtos no ABN Amro Bank, no Uruguai
Outras atividades É apaixonada, mãe de duas filhas, Maia e Sofia. Tem uma cachorra Rhodesian Ridgeback chamada Luna. Adora praia, trilhas, contato com a natureza e corrida (fez três meias-maratonas)
Causa Construir negócios de forma diferente, em que as pessoas tenham propósito além de querer apenas gerar lucro

"Pílula inspiradora" para um empreendedor criativo
O propósito não é ter sucesso e sim aprender e evoluir no caminho.

O QUE É

NOME BOX 1824
O QUE É EMPRESA DE PESQUISA DE TENDÊNCIAS
FUNDAÇÃO ABRIL DE 2004
SÓCIOS RONY RODRIGUES, JOÃO CAVALCANTI, CARLA MAYUMI, CRISTINA BRAND, LUCAS MELLO
PROPÓSITO ENCONTRAR E TRADUZIR O NOVO

Seria um belíssimo escritório, com decoração e arquitetura modernas, se os donos da Box não detestassem chamar o lugar assim. Eles preferem usar o termo "espaço de convivência" ou ainda Casa Box. Há dez anos, seria difícil imaginar a empresa funcionando em um endereço fixo, com direito a secretária, sala de reunião e cafezinho.

Em 2004, a Box 1824 chegava ao mercado de pesquisa do país metendo o pé na porta. Quem contratava os jovens de Porto Alegre para responder a alguma pergunta sobre posicionamento, perfil do consumidor ou cenários futuros de uma marca deparava-se com um tipo de trabalho bem diferente dos convencionais.

A empresa foi pioneira ao derreter as estruturas mais tradicionais no mercado corporativo — e ser muito bem-sucedida graças a isso. Também foram pioneiros ao vender inovação não só por meio do serviço que ofereciam, mas por serem inovadores em seu DNA. Há dez anos, já tinham práticas um tanto comuns nos dias de hoje, mas que na época eram originais.

A empresa não possuía dinheiro algum e nasceu sem qualquer investimento. Os então quatro sócios da Box vêm de famílias de classe média. Três eram estudantes universitários na época em que abriram o negócio: João Cavalcanti, Priscila Figheira e Lucas Mello. O criador inicial do projeto, Rony Rodrigues, não tem formação. Ele fez apenas um semestre da faculdade de turismo e abandonou o curso para viajar para os Estados Unidos.

Não havia verba para uma sede, para fazer um site ou mesmo cartão de visita. Usaram as restrições em benefício próprio e as limitações transformaram-se em conceito. Sem endereço, site ou cartão de visita, a Box chegou ao mercado com práticas inovadoras para a época e virou sinônimo de empresa *cool.*

Recebiam o briefing e trabalhavam de um jeito meio secreto, sem falar com o cliente durante o desenvolvimento de todo o projeto. O resultado da pesquisa vinha sempre em uma bela embalagem, cuidadosa no design e na estética. No lugar de um relatório, um vídeo primoroso.

Além da linguagem inédita, a Box também foi transformadora na forma de obter os dados da pesquisa. Em vez de usar técnicas como *focus groups* — grupos em que pessoas discutem um tema enquanto são observadas em uma sala de espelho —, a Box resolveu ir a campo. Até hoje, entrevista pessoas nas ruas e entra nos universos jovens para interagir da maneira mais natural possível, sem deixar claro sobre quem é entrevistado e quem é o entrevistador. Realiza também a invasão de cenários, em que um membro do grupo pesquisado atua como observador.

A criação do *world wide web, www,* e o surgimento de uma geração alfabetizada na internet fez mudar a lógica do mercado. A Box olhou para isso e soube reconhecer uma oportunidade. Passaram a buscar respostas em um público bem mais jovem e inexperiente e a apresentar essas respostas por meio de uma linguagem moderna.

Trouxeram a metodologia baseada na pirâmide 18-24, que mostra o centro primário de influência de consumo etário na população de dezoito a 24 anos. Localizados no topo da pirâmide, são aqueles que ditam comportamento global. São aspiracionais para os mais novos e inspiracionais para os mais velhos.

Tendo como base a teoria de Everett M. Rogers, *Diffusion of innovations* [Difusão das inovações], a metodologia da Box classifica os consumidores como *trend setters*, *earlie adopters* e *mainstreams* (ou alfas, betas e *mainstream*). Mas a partir daí, Rony e o sócio, João Cavalcanti, pensaram em uma nova lógica de influência em consumo. Passaram a considerar que uma pessoa pode ser alfa em skate, beta em xampu e *mainstream* (ou consumidor comum) em carros.

Durante a pesquisa, além de identificar alfas e betas, os pesquisadores participam do dia a dia dos entrevistados, analisando seus hábitos de comportamento, e contam com uma consultoria de sociólogos e antropólogos.

Embora fossem jovens e inexperientes, os fundadores da Box trouxeram consistência acadêmica e metodologia aplicada ao mercado de pesquisa. Segundo Rony, eles liam e estavam sempre buscando referências. O que, de certa forma, é o retrato da geração digital. Como absorve, sintetiza e apresenta o conteúdo de forma atraente, inclusive com várias combinações semânticas, como a própria internet, lembra Rony.

A metodologia da Box continua a mesma. A pesquisa de campo, os alfas e betas e a linguagem como foco central estão lá desde que foi criada. Hoje, práticas como *home office* e a informalidade no trato com o cliente não são mais novidade. Mas então o que explica a Box manter a imagem de empresa jovem e inovadora, ainda que esteja dez anos mais velha? Embora mantenha a essência, de encontrar e traduzir no novo, está sempre se modificando.

OS DONOS DO NOVO Um portão de madeira na rua Lisboa, no bairro de Pinheiros, em São Paulo, é a entrada para a bela casa onde hoje funciona a Box. A fachada é de madeira, vidro, uma parede branca e outra de azulejos. Um corredor com paredes de tijolo aparente, passando por uma estrutura para deixar bicicletas (e guarda-chuvas), leva a um espaço com dois sofás cinza, chão de ladrilho hidráulico, uma estante de madeira com livros e revistas, que serve tanto como sala de espera para os visitantes como um lugar de trabalho.

Uma sala de reunião toda de vidro fica logo ao lado. Mais adiante, um jardim interno e a cozinha, aberta para o refeitório, onde há duas mesas e bancos de madeira. Ali sempre são servidos café, água, gelatina e frutas. As anotações na parede de lousa trazem tanto uma seleção musical como a organização para um intercâmbio entre núcleos nos quais a equipe se divide: campo, planejamento, comercial, gestão de projetos. Quem tem interesse em uma vaga de outra área coloca o nome ali, onde também estão indicadas as vagas disponíveis.

A sala da frente comporta uma grande mesa de madeira com cadeiras vermelhas, piso de taco, paredes brancas, com uma porta de correr de vidro, com vista para a rua. Ainda há todo o andar de cima, aberto e espaçoso. No endereço, a Box recebe clientes, faz reunião com seus funcionários e realiza workshops — uma edição da Mesa & Cadeira aconteceu ali.

UMA EMPRESA SECRETA A Box chegou a São Paulo no dia 30 de abril de 2004. Enviava uma newsletter para o mercado publicitário e para algumas empresas. O boletim sobre tendências começou despretensiosamente, mas virou uma eficiente ferramenta de divulgação. Caiu no gosto das agências de publicidade, que começaram a indicar a Box para seus clientes. O envio da newsletter causou uma agitação no mercado.

Os clientes que procuravam a Box costumavam perguntar se aquela era uma empresa do Brasil ou estrangeira — foi a primeira a trazer pesquisa de tendência a países emergentes. Foi assim também que começaram a abraçar alguns trabalhos em outros países, a partir da demanda de algumas marcas. No primeiro ano, a Box conquistou dez clientes, entre eles Unilever, Ambev, Claro e Globo.

Em São Paulo, os gaúchos resolveram alugar um espaço localizado na rua Augusta. A sala era acessada por um longo corredor e ficava atrás de uma loja indiana. Era um QG, meio underground, para os sócios e funcionários se reunirem. Mas eles mantinham a aura de ser uma empresa sem endereço, meio secreta. Nunca levavam os clientes ao "escritório" e, apesar de já terem algum dinheiro, continuavam sem cartão de visita.

A Box, que para explicar o que fazia contava apenas com um PowerPoint, sempre se pagou. Sem investimento inicial e sem custo fixo, teve uma trajetória de crescimento, com grandes clientes desde o começo.

O primeiro grande projeto realizado pela Box foi para a marca Olympikus. Rony ainda trabalhava na agência DCS de Porto Alegre quando teve contato com o cliente. Depois de um trabalho que fez com a agência Radar, em Milão, já estava formatando a ideia de abrir uma empresa de pesquisa de tendência, e comentou sobre a proposta com Tiago Pinto, responsável pelo marketing da marca de tênis à época.

Tiago comprou as ideias de Rony e, juntos, desenvolveram um tênis, o Olimpikus Tube, a partir de uma pesquisa que trouxe demandas de jovens, aplicando a metodologia de campo da Box e a teoria dos alfa, beta e *mainstream*. O produto fez sucesso e alcançou o topo de vendas. O mesmo aconteceu com o desenvolvimento de um carro jovem e moderno para a Fiat, o novo Uno.

Com *cases* de sucesso no currículo, a Box deixava de ser apenas a empresa *cool* dos jovens gaúchos para tornar-se a principal empresa de pesquisa no segmento jovem do país. Quando chegou ao mercado, os sócios mal sabiam como contratar funcionários, já que lidavam com um tipo de negócio novo e sem referências. Acabaram formando muitos profissionais. Depois da Box, várias outras empresas surgiram no mesmo segmento.

Mas, segundo Rony, dentro desse nicho de empresas que trabalham com tendência e inovação, o espaço da Box ainda é maior. Ela é responsável por uma fatia de cerca de 50% desse mercado. Não entram aí grandes empresas de pesquisa como Ipysos e Ibope, por exemplo. O faturamento da Box em 2012 foi de 24 milhões de reais e no ano seguinte, manteve-se nos mesmos patamares. Em novembro de 2013, a empresa passou por uma grande reestruturação e cortou dezesseis funcionários. Adotou um sistema de rede para execução de projetos, envolvendo tanto empresas que fazem parte do grupo como parceiros de fora dele.

A empresa mantém clientes grandes e fiéis, que estão na Box desde o início, como a Unilever e a Ambev. De acordo com Rony, eles continuam sendo os mais procurados por ter um grande diferencial em relação à concorrência: precisão de linguagem, fundamental no mercado de pesquisa, e ser uma empresa criativa, que inventa novas ferramentas. Tanto que o *core* do negócio, mesmo tipo de trabalho oferecido pela concorrência, representa hoje 32% do faturamento do grupo. Os outros 68% vêm de novos negócios construídos ao longo desses anos.

"WE ALL WANT TO BE YOUNG" Uma das maneiras que a Box encontrou para manter-se inovadora, continuar surpreendendo e expandir os negócios de forma inteligente e lucrativa foi a criação de novas empresas, sempre a partir de demandas que foram surgindo espontaneamente, organicamente ou por sugestão de clientes. Um departamento ou um núcleo da empresa começa a se destacar por demandas internas. Ganha reforço, estrutura e bons profissionais para levar aquela área adiante. Quando está com musculatura suficiente para virar um negócio, ganha vida própria. Ou

ainda, um novo negócio é criado a partir de uma demanda externa, a pedido de um cliente que reconhece na Box uma competência que vai além da pesquisa.

A Box é uma empresa focada em linguagem. Como define Rony, começou como uma empresa de tendência entre jovens de dezoito a 24 anos, depois tornou-se uma empresa de pesquisa de tendência em consumo não só de dezoito a 24 anos, mas de alfa, beta e *mainstream* e hoje é uma empresa de pesquisa.

Em uma época em que pouco se falava sobre *design thinking*, a Box abriu a Bola, junto com Helder Araújo — sócio da Webcitizen. A empresa pesquisava e antecipava tendência, mas em vez de entregar um relatório ao cliente, desenvolvia para ele um novo produto. Apesar de *cases* de sucesso, como o desenvolvimento do novo Uno, a Bola acabou falindo. Segundo Rony, o mercado não estava preparado para o que ofereciam. Do episódio, ficou a lição. A Bola faliu por ser muito moderna para a época, o que mostra que não adianta ser inovador se o mercado não está pronto para o que você oferece. Daí a importância do *timing* do negócio.

No lugar da Bola foi criada a Box+, unidade de desenvolvimento de produtos da Box. É também a área de inovação para o mercado, sob responsabilidade de Carla Mayumi, que está na empresa desde o início e há alguns anos se tornou sócia de O'Grupo — que reúne as empresas Box, Talk, LiveAd e Aquiris.

A Talk é a primeira empresa de pesquisa on-line qualitativa do Brasil e tem Carla e Cristina Brand no comando.

A premiada agência digital LiveAd também surgiu da Box, em 2006. A empresa tem entre seus clientes Nike, Oi, Globo, Pepsico e Grendene. Embora esteja estruturada como uma agência publicitária, com planejamento, criação e atendimento, o desenvolvimento dos projetos é feito com integração entre os departamentos.

Mais recentemente, o grupo abriu a Next, que por enquanto funciona dentro da estrutura da Box. Faz recrutamento de pessoas, como uma empresa de recursos humanos. A criação da Next partiu de um desafio feito a Box pela Ambev. Assim como a empresa era boa em contratar consumidores betas, eles poderiam ser bons para encontrar os melhores profissionais nas melhores faculdades para trabalhar na companhia.

Embora uma empresa de recursos humanos pareça algo completamente diferente de tendência e inovação, para Rony esse tipo de seleção também trata de linguagem. Segundo ele, é um trabalho de pesquisa para entender o que a corporação tem que vai interessar esse jovem profissional e o que esse jovem profissional tem de interessante para a companhia de cerveja. A Next funciona como mediadora e abre esse diálogo. Movimentos como esse, como reconhecer uma grande oportunidade em abrir uma empresa de RH, é que fazem a Box se manter uma empresa visionária e inovadora, mesmo dez anos depois de sua criação.

O grupo conta ainda com a empresa Aquiris Games Studio Ltda. Criada em 2006, foi parcialmente comprada pela Box. Agora atua no mercado de comunicação, usando games como plataforma interativa. A Aquiris tem mais três sócios: Israel Mendes, Maurício Longoni e Amilton Diesel.

Dar aos funcionários a possibilidade de se tornarem donos de parte da empresa está no modelo de negócio do grupo. Atualmente, Rony é sócio majoritário da Box, Lucas Mello, da Live, enquanto Cristina e Carla são sócias na Talk. João atua como consultor criativo em todas as empresas.

Para os fundadores da Box, o interessante é poder crescer de dentro para fora ou por reconhecimento de uma competência — como no caso da Next, a competência de recrutamento e seleção. É daí que nasce essa vontade de ser dono do novo, independentemente da área de atuação. No entanto, o que é diferente na empresa gaúcha é que o novo está focado em linguagem, mais do que em comunicação ou tecnologia.

A Box ainda é reconhecida assim: as apresentações são as mais bonitas, o poder de síntese é o mais apurado. Segundo Rony, eles trazem a tecnologia e outros recursos a seu serviço, "mas a paixão mesmo é a linguagem".

Além da criação de novas empresas, da expansão dos negócios e dos clientes grandes, há três anos a Box fez um movimento importante, uma revolução no mercado de pesquisa. Deu o pulo do gato ao usar a mesma lógica da internet: compartilhar conteúdo. Enquanto outras empresas guardam o resultado de suas pesquisas a sete chaves, a Box colocou no ar o vídeo *We all want to be young*, em que disponibiliza gratuitamente o resultado de uma pesquisa sobre jovens, as diferentes gerações e mercado de influência do consumidor.

Segundo o estudo, o conceito de juventude, como o entendemos hoje, teve origem na geração dos *baby boomers*. Responsáveis por grandes mudanças e protagonistas do *lifestyle* jovem, foram os pioneiros a conquistar o direito de ser jovem. Quem nasceu nos anos 1940 e 1950 levantou bandeiras como paz e amor, *flower and power* e sexo livre. Depois veio a geração X, nascida nos anos 1960 e 1970, seguida dos *Millenials*, a geração globalizada e digital.

Com mais de 3 milhões de *views*, *We all want to be young* teve repercussão internacional ao ser citado no *New York Times*, *Herald Tribune* e *GOOD Magazine*. É o que a Box procura continuar fazendo. Isso é o que faz da inovação algo sistemático dentro da empresa. Fruto da revolução digital, aprendem com a internet e trazem esse aprendizado para dentro de casa.

Em outro momento, a Box usou, segundo Rony, cerca de 30% de seu faturamento para investir em "O sonho brasileiro". O projeto consiste em um estudo sem fins comerciais sobre o país e o futuro a partir da visão de jovens brasileiros de dezoito a 24 anos.

A realização do estudo, que já está em sua segunda edição, teve como intuito exercer o papel mais social da Box como empresa de pesquisa. A metodologia contou com invasão de cenários, grupos de discussão com os jovens e entrevistas. Considerando que os jovens de dezoito a 24 anos são os que ditam comportamento e mudanças culturais, o estudo tenta também antecipar cenários futuros e abordar as transformações da sociedade.

Como resultado de outro estudo, a Box causou polêmica ao falar de consumismo como o novo colesterol. A tese mostra que o consumidor não está disposto a abrir mão do luxo e nem de pagar caro por uma bolsa, por exemplo. Mas que, em pouco tempo, pegará mal ter um armário lotado de roupas.

No estudo foi feita uma comparação mostrando como era a alimentação no século XVII, em que comer até vomitar era um código de luxo de indivíduos glutões. Com o passar do tempo as pessoas aprenderam a comer menos e de forma mais saudável. A Box aplicou o mesmo raciocínio a uma nova consciência sobre luxo no século XXI, que deve fugir do excesso. Para Rony, consumo não deve ser confundido com consumismo. A tese defende um tipo de consumo consciente, mais sustentável e menos irresponsável.

METAMORFOSE AMBULANTE Durante os cinco primeiros anos, a Box funcionou daquele jeito meio clandestino, mantendo a sala na rua Augusta. Em 2009, já era uma empresa grande, com vários funcionários e decidiu trazer toda a operação para São Paulo. Apenas cinco funcionários continuaram em Porto Alegre. Para isso, a empresa precisava de um espaço bem maior.

Obcecado por imóveis, Rony brinca que se não trabalhasse com pesquisa seria corretor, ele passou algum tempo procurando o lugar ideal. Encontrou a casa no endereço da rua Lisboa. Demorou mais um bom tempo para deixar a casa com a cara da Box. Junto com o arquiteto Carlos Verna, Rony também fez as vezes de arquiteto ao conduzir a reforma.

De acordo com Carla Mayumi, sócia e responsável pela área de inovação, a mudança para a casa maior foi um movimento emblemático. No momento em que cresce muito, para manter o vínculo entre as pessoas que trabalham na empresa, é preciso ter um espaço físico. Lá atrás a empresa foi inovadora ao falar em *home office*. Ao se tornar grande, não era mais viável ter apenas o esquema de *home office* — que por sua vez havia deixado de ser uma prática diferente para tornar-se comum. Os sócios detectaram ainda que as pessoas queriam poder escolher quando trabalhar em casa e quando ir até a empresa. Passaram a oferecer essa opção.

A mudança para o endereço de Pinheiros aconteceu no dia 11 do 11 de 2011, às 11h11 — e foi muito comemorada. Teve laço de inauguração cortado e festa com banda de música. Embora seja o que a Box já teve de mais próximo de um escritório convencional, a empresa tenta manter algumas práticas que trazem frescor ao dia a dia da equipe.

Ninguém bate ponto. Os funcionários, hoje são cerca de 55 contando com as equipes da Box+ e da Next, não precisam ir até a empresa. Vão quando querem ou quando são chamados para uma reunião ou alguma atividade. Tem quem vá sempre, tem quem divida o tempo entre trabalhar em casa e na empresa e quem apareça ali raramente. Além dos funcionários da Box, contando com a Live, a Talk e a Aquiris, empresas com sedes próprias, o grupo possui ao todo cerca de duzentos colaboradores.

No endereço da Box, mesmo quem usa o espaço está sempre de mudança. Ninguém tem lugar fixo. Eles fazem um rodízio dos postos para não correr o risco das pessoas começarem a se acostumar com a mesa, com o mesmo caminho, o mesmo ponto de vista.

Além de ser um espaço de trabalho, é um lugar que procura promover diversão, para reunir as pessoas. Recentemente alguém deu a ideia de criar a hora do recreio. Carla conta que no começou achou a iniciativa uma bobagem. Até participar da ação. Às quatro da tarde toca um sinal para todo mundo parar de trabalhar e descer até uma área comum da casa. Nesse espaço, colocam barraquinha de cachorro-quente, pipoca e picolé. Para ela, não tem como criar um ambiente criativo e inovador sem ser descontraído.

Outro aspecto importante é valorizar outros talentos de quem trabalha na empresa. Se antigamente havia o entendimento de que o lado profissional deveria estar separado do lado pessoal, isso deixou de fazer sentido. Dar espaço para que os funcionários desenvolvam e coloquem para fora outras atividades pelas quais tenham interesse é uma prática importante de estímulo à criatividade.

Por exemplo, toda terça-feira acontece o famoso Singalong, ou uma espécie de coral da Box, para quem gosta de soltar a voz. Eventualmente, um almoço diferente é preparado por funcionários que mandam bem na cozinha. Quem quer participar entra na vaquinha e os "chefs" vão pilotar o fogão. Sem contar as festas, que a Box adora promover.

Para Carla, é bom deixar aparecer o lado cantor, bailarino, cozinheiro de cada integrante da equipe. Isso inclusive pode ser critério de desempate na hora de escolher um novo membro do time. Além das competências técnicas, a multiplicidade é levada em consideração no recrutamento. Por trás do psicólogo, do sociólogo, do jornalista há pessoas com outros gostos, outros hobbies e outras atividades.

Ela mesma participou da elaboração do livro *Volta ao mundo em treze escolas*, sobre iniciativas bem-sucedidas de ensino em diferentes lugares do mundo. Também participa de um grupo de tricô, que realiza intervenções artísticas na cidade e já participou da organização do TEDX.

Embora tenha o estigma de só admitir gente *cool*, para manter a aura de empresa jovem, moderna e descolada, Rony diz que a equipe da Box preza pela diversidade. Ali tem gente rica, pobre, gay, hétero, de esquerda e de direita.

São pessoas curiosas, que gostam de pesquisa, de descobrir conteúdos e formar pensamentos.

Para uma empresa que lida constantemente com aqueles que ditam tendência e comportamento, onde estar em busca do novo é uma premissa, a maior dificuldade em crescer e manter a essência inovadora ficou em outro departamento: no financeiro.

Por conta disso, uma dica que Rony dá aos novos empreendedores é colocar um bom profissional nesse departamento. De acordo com ele, embora nunca tenha deixado de ganhar dinheiro, poderia ter ganhado ainda mais e recompensado melhor as pessoas ao seu redor, dando mais prêmios e benefícios. Poderia ter tido maior estabilidade mais cedo. Ele relata que, como hoje a empresa conta com essa organização, "sabemos a maravilha que é poder tomar decisões com mais informações e poder se planejar melhor".

Os conceitos básicos que nortearam a história da Box — como a pirâmide de alfas e betas, o conceito 18-24, do entrevistador parecido com o entrevistado — nunca mudaram. O que mostra que para inovar não é preciso abandonar a sua raiz. A raiz da Box continua sendo a pesquisa de campo, a invasão de cenários, trazer a verdade do consumidor, a crença na renovação da linguagem e no poder de influência do jovem.

De acordo com Carla, o fato de continuar fazendo pesquisa na rua dez anos depois, processo caro e difícil, é inovador. Tão inovador que outras empresas continuam entrando no mercado de pesquisa propondo metodologias usadas pela Box, criadas há anos. Apesar disso, ela conta que a área pela qual é responsável partiu de uma inquietação natural da equipe de manter-se inovadora.

Embora seja uma área de inovação voltada para fora, e não para dentro da Box, que atende clientes, é uma forma de trabalhar com projetos e produtos que não necessariamente respondem a grandes perguntas. Ela explica que a diferença entre um projeto de pesquisa e um projeto de inovação é que em pesquisa você está buscando respostas a perguntas específicas. No caso de projetos de inovação, o que se busca é inspiração.

A NOVA REVOLUÇÃO Rony admite que a Box já teve uma fase muito mais utópica, quando seus idealizadores tinham certeza de que poderiam mudar o mundo. Hoje, o espírito se mantém, mas o objetivo é começar transformando o entorno, capacitar as pessoas que estão ao redor, dar a elas oportunidades, inspirar, contaminar com o gosto pelo novo.

O pensamento é de que para mudar o mundo é preciso começar pela frente de casa, pelo bairro. Se ali tiver um problema de saneamento, tentar resolver. Se não der para contribuir com a paz no Oriente Médio, tudo bem. Mas também é muito importante resolver o que está próximo.

Além de todo o processo da Box de manter a inovação sistematicamente, a equipe costuma buscar referências em fontes como educação informal, cursos, palestras, festivais de música pelo mundo, na moda, na arte contemporânea, participar das principais feiras e Bienais. Costuma ainda mandar funcionários para eventos como o TED, além de incentivar as pessoas a desenvolverem outras atividades.

No mercado de pesquisa, Rony vê nas empresas que usam "gamefication" a grande novidade. É uma técnica que usa o game no processo de obtenção de dados sobre o indivíduo. Em outras palavras, enquanto joga, a pessoa está sendo pesquisada. Todos os estímulos de consumo, a percepção sobre moral e ética podem ser registrados. Para Rony, isso é futuro. A Box ainda não usa a metodologia, mas não é à toa que entrou como sócia de uma empresa de games, a Aquiris. Existe a vontade de usar a plataforma de game para buscar dados qualitativos.

Perto de fazer dez anos, a empresa mudou a forma como

está estruturada. Desde novembro de 2013, a Box conta com três grandes departamentos. Administrativo, atendimento e inteligência e conteúdo. Para cada novo projeto, busca profissionais de dentro e de fora da empresa, que tenham um perfil que se encaixe àquele determinado projeto. É um trabalho em rede. A bela casa em Pinheiros está se transformando em um espaço de *coworking*, para dar espaço a start-ups e novas empresas.

Em relação ao conteúdo, vídeo é uma área com potencial para virar mais um negócio do grupo. Eles não querem ser uma produtora, não têm a intenção de estar do lado da produção de vídeo. A ideia é poder explorar mais a plataforma de vídeo dentro do processo de uma pesquisa. É uma das frentes em que a empresa trabalha atualmente.

Além disso, a Box desenvolve conteúdo para o público final, mas tem interesse em aumentar o volume. Hoje, mantém o Ponto Eletrônico, um blog alimentado por funcionários sobre arte, cultura, design, música, com entrevistas, vídeos e infográficos. No blog há ainda o Timebox, um calendário de eventos nacionais e internacionais com shows, festivais, bienais e mostras pelo mundo. Também preparam um livro sobre empreendedorismo, com algumas lições que aprenderam ao longo dos anos.

Ainda está na pauta fazer documentários. Já existem alguns projetos sendo pensados, como um que explica o que o consumo e a felicidade desencadeiam no cérebro humano. Quando se pergunta a um jovem o que é felicidade, as respostas são muito semelhantes com os sentimentos de comprar um carro ou ganhar uma bolsa. "Alegria, emoção, vontade de dar um grito."

O que mostra que a felicidade, assim como o consumo, é composta de sentimentos momentâneos. Que embora o mercado venda muito mais o conceito de felicidade, as pessoas deveriam buscar o conceito de paz, que traz uma sensação de bem-estar muito mais longa.

Também estão de olho na expansão internacional. Embora já trabalhem em mercados como China e Europa — em 2012 desenvolveram projetos globais para Burger King e Casino e outro para Nokia, em Londres — pretendem levar a Box a outros países. Mas diferentemente do que faz a Mandalah, associando-se a parceiros internacionais, pretendem desenvolver eles mesmos as novas unidades.

O projeto mais próximo de se tornar realidade é o de ter uma escola. Um centro de ensino criativo, com encontros, palestras e outras atividades. A proposta que está sendo tocada por Carla já começou a ser desenhada. A Box também pretende lançar dois cursos sobre pesquisa, tanto para estudantes como para o mercado.

Ministrados por funcionários da empresa, prometem ensinar como se faz pesquisa de tendência e consumo, campo, metodologias, toda a parte acadêmica e até mesmo como se encontra um beta. Os workshops vão acontecer no endereço da rua Lisboa, não o escritório, mas o espaço de convivência ou Casa Box, como dizem os sócios. A propósito, até hoje ninguém tem cartão de visita.

Empreendedor desde criancinha

Aos seis anos, quando morava na casa de um quarto só com os pais e os irmãos, Rony Rodrigues viu um catador de papel. Perguntou para a avó o que ele estava fazendo. Eles moravam ao lado da vila dos papeleiros, no Bairro dos Navegantes, em Porto Alegre. A avó respondeu que ele juntava papel para vender. A resposta deixou o menino intrigado. Papel tinha em tudo quanto é lugar. Ela explicou que quem juntasse muito papel ganhava dinheiro com aquilo. Foi o bastante para Rony começar a juntar qualquer papel que via pela frente. Seu avô e bisavô incentivaram a prática e foram com Rony até o lugar para receber o dinheiro em troca — que Rony usou para comprar um macaco de pelúcia.

A paixão por pesquisa começou cedo. Desde criança tinha uma curiosidade para saber a opinião das pessoas e entender como cada uma se moldava a partir das respostas. Desde pequeno gostava de ler jornal. Chegou a pensar que seria jornalista. Um vizinho dizia ter certeza de que Rony viajaria o mundo entrevistando pessoas, como a Glória Maria. Rony não se tornou jornalista, mas viajou o mundo.

O gaúcho de 35 anos, cabelo meio despenteado, barba e voz grave, teve uma trajetória pouco convencional, assim como suas empresas. Passou por vários colégios até entrar em turismo, na Pontifícia Universidade Católica do Rio Grande do Sul. Na época, para pagar o curso, trabalhou no aeroporto, para uma companhia aérea. Desistiu do curso no primeiro semestre e foi para os Estados Unidos, onde trabalhou em posto de gasolina, como faxineiro e selecionando lixo reciclável. Depois de juntar algum dinheiro, fez o Caminho de Santiago.

Ao voltar ao Brasil, Rony participou de uma seleção de estagiários na agência Upper, de Porto Alegre. Em um ano, ganhou o Leão de Ouro em Cannes. Fora do Brasil Rony conheceu empresas de pesquisa de tendência e percebeu que não havia nenhuma especializada em países emergentes. Foi daí que teve a ideia de criar uma no país. Depois veio a Box, que virou referência em pesquisa.

Cristão, Rony encontra na fé o maior estímulo para fazer as coisas acontecerem. Na crença de que vai dar certo. Ele conta que quando tem uma boa ideia, pesquisa tudo sobre ela e depois sabe que precisa de força e determinação para levá-la adiante. Mas a energia que sustenta seus atos, que o impulsiona e lhe dá ânimo é a fé. Afinal, como explica, para haver mágica é preciso acreditar no impossível.

A cabeça por trás da Box 1824

Nome Rony Rodrigues
Data de nascimento 30 de abril de 1979
De onde é Porto Alegre, RS
Família O pai é aposentado e a mãe compra roupas em São Paulo para vender em Porto Alegre. Tem três irmãos, um está fazendo intercâmbio na Nova Zelândia, outro é arquiteto em Porto Alegre e um estuda comunicação em Barcelona
Formação Cursou um semestre de turismo na Pontifícia Universidade Católica do Rio Grande do Sul e largou a faculdade
Outros trabalhos Trabalhou em agências de publicidade como a Upper, do Rio Grande do Sul, na qual ganhou um Leão de Ouro em Cannes pela campanha do desodorante Senador. Também passou pela DCS
Outras atividades É sócio de uma marca independente de moda, a Cotton Project, gosta de arte contemporânea e adora procurar imóveis. "Se não trabalhasse na Box seria corretor."
Causa "Minha causa hoje é muito mais coletiva. Quero que meus funcionários, as pessoas que estão por perto tenham chances de se desenvolver e tenham as mesmas possibilidades que eu tive. É quase um processo didático e educacional focado no meu redor"

"Pílula inspiradora" para um empreendedor criativo
Tenha fé.

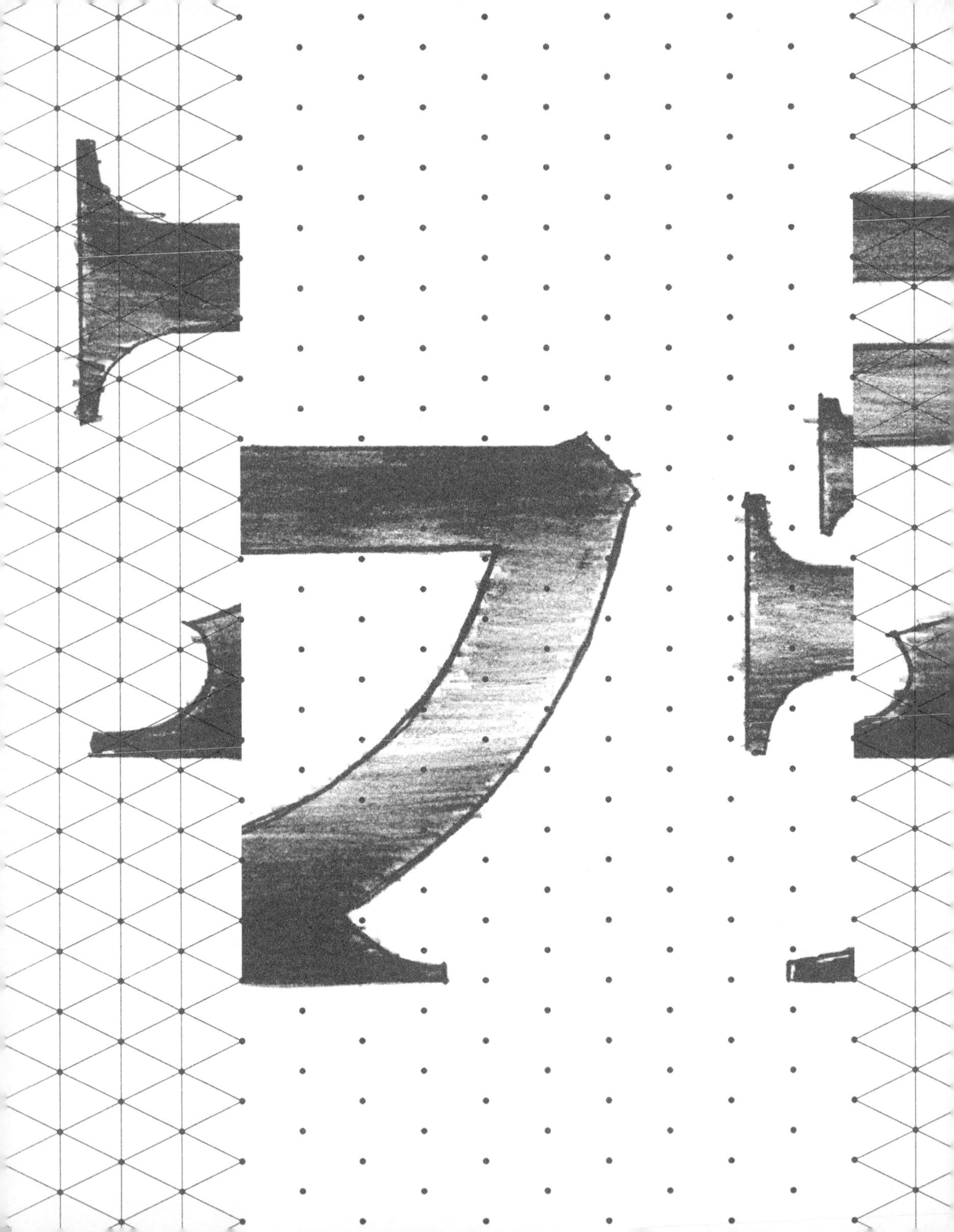

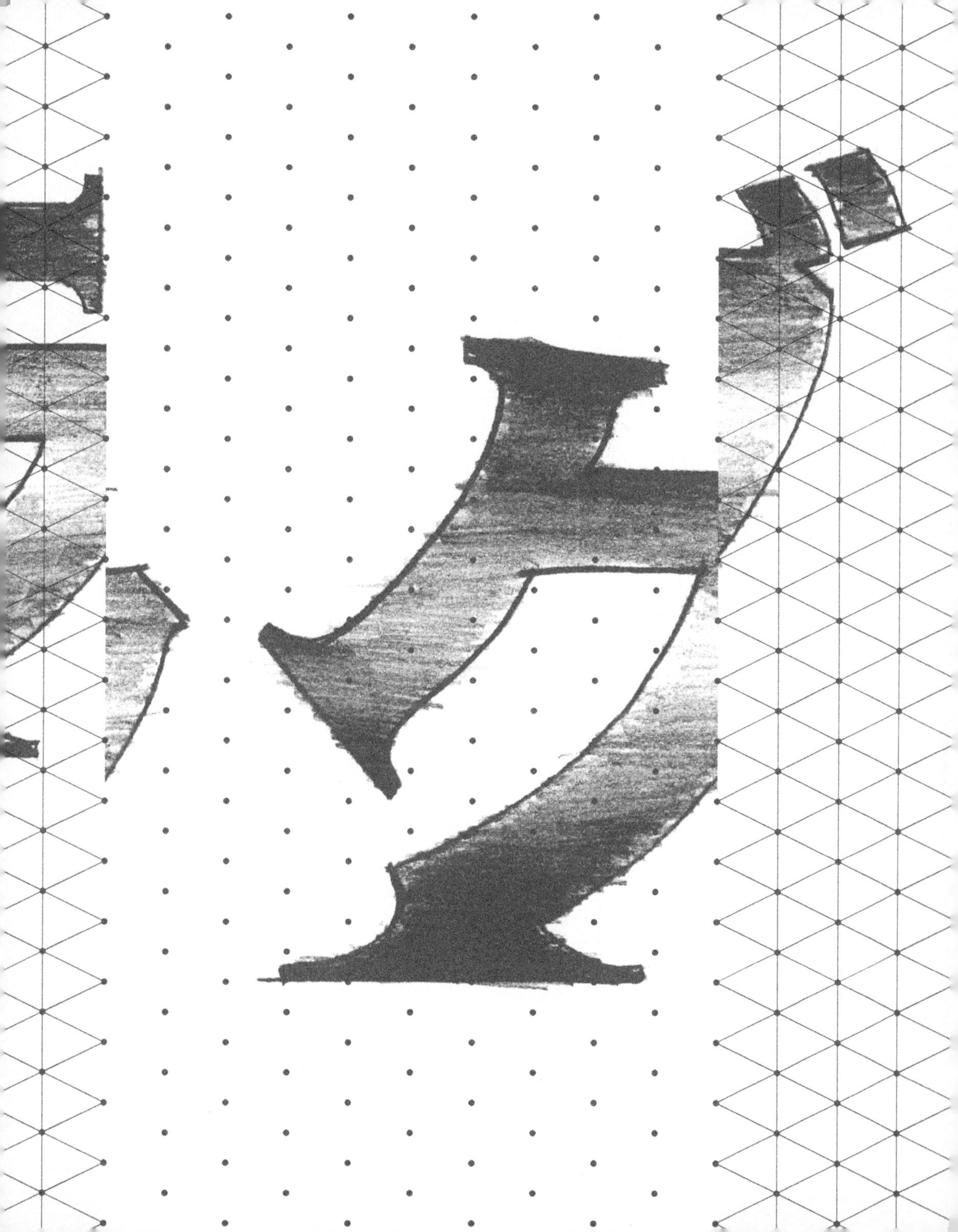

NOME FLAG — THE CREATIVE DISRUPTION NETWORK
O QUE É UMA HOLDING DE EMPRESAS DISRUPTIVAS
FUNDAÇÃO JANEIRO DE 2013
SÓCIOS ROBERTO MARTINI E INTERPUBLIC
PROPÓSITO CRIAR UM NOVO MODELO DE COMPANHIA, ADAPTADO PARA UM MUNDO MAIS COLABORATIVO

O QUE É

FLAG

São quatro as áreas de atuação da Flag: consultoria e inovação, marketing, mídia e criação, produção e gestão de valor compartilhada. Para entender como funciona, é mais fácil imaginar uma curva de crescimento na qual todas as empresas da holding estão posicionadas. A Flag desenvolve e usa tecnologia para avaliar o impacto que causa em cada uma das empresas, além de dividir essa tecnologia com elas.

No topo, há uma sólida estrutura de gestão, com RH, administrativo, financeiro, comunicação, que é "plugada" aos novos negócios. Além disso, os talentos da companhia emprestam seu conhecimento em áreas distintas, como criação, produto, operação, para potencializar o negócio do empreendedor. Na base, uma outra estrutura é responsável por alimentar esse ecossistema com mais inovação. Para isso, traz ideias, referências, dicas de viagens, eventos, cursos e outras iniciativas que estimulem o gosto pelo novo.

A intenção é oferecer todo o suporte para que empreendedores possam focar em seu produto. Também tem como objetivo oferecer toda a inteligência para acelerar o processo de desenvolvimento das empresas. Ali impera a filosofia de que dividir é multiplicar. Por isso, a proposta não é fazer com que as empresas cresçam demais, e sim que, a partir de determinado momento, comecem a se fragmentar em outras novas.

Lançada oficialmente para o mercado em 2013, Roberto Martini, o CEO, já vinha desenhando a Flag havia algum tempo, junto com Matheus Barros, CCO e CFO, e Luisa Martini, mulher de Martini e CEO do Clan, uma das empresas do grupo. Os fundadores da Flag queriam inventar algo mais disruptivo do ponto de vista criativo. O ponto de partida foi a Cubocc, agência que nasceu digital em 2004 e depois expandiu sua área de atuação. Quando ela já estava bem encaminhada no mercado, Martini achou que era hora de voltar a inovar. Inquieto, ele nunca conseguiu ter um negócio só, começou a transformar alguns departamentos que existiam dentro da Cubo em novas empresas.

A primeira empresa a ser criada foi a Iceland 2ND Nation, uma produtora com foco em tecnologia. Ao surgir da Cubo, não tinha como objetivo se tornar outra agência, mas sim produzir para qualquer agência e para todos os mercados. É feita por pessoas que pensam inovação em tecnologia, responsável por produtos físicos conectados à internet, ou "a internet das coisas". Recentemente, a Iceland produziu uma garrafa para a Coca-Cola por meio da qual o consumidor podia registrar em vídeo o que via ao beber o refrigerante. Ao final, ele clicava em um botão, a garrafa mixava os vídeos registrados e montava um clipe, que era compartilhado nas redes sociais. Também criou um binóculo para o Google capaz de trocar paisagens e fazer com que uma pessoa que esteja na Praça da Sé, em São Paulo, possa enxergar o visual do Cristo Redentor, no Rio. Em 2013, a Flag comprou a Doubleleft, produtora que assumiu toda a parte de produção digital, responsável por criar de hotsites e plataformas a consoles e games para a web. Quando Martini conheceu Gabriel Laet, o sócio da Doubleleft tinha apenas quinze anos.

Desse núcleo saiu um novo negócio, a produtora chamada The Kumite, em que a diferença é o produto final, já que o foco aqui são histórias e audiovisual. É uma produtora em que os diretores criam narrativas visuais seja para um filme de TV ou internet, ou uma experiência para uma marca, como um *reality show*, por exemplo.

Já a Pong Dynasty é uma agência como a Cubo, mas a

diferença está na rentabilidade em um modelo menos tradicional. A agência só começa a ganhar dinheiro se bater uma meta estabelecida com o cliente, que está diretamente ligada ao benefício que uma ação ou uma campanha proposta pela agência trouxe para o negócio. Em pouco mais de um ano, conquistou clientes como L'Oréal, Brahma, Redbull, Amazon, Heinz, Reckitt Benckiser e Pepsico.

Para Martini, embora o mercado ainda não esteja preparado para esse modelo de negócio, algumas marcas começam a entender que para ganhar mais é preciso dividir mais, principalmente em um cenário em que o futuro anuncia mais escassez tanto de recursos naturais como de estrutura. É a aposta em parcerias, em dividir responsabilidades e ganhos também nos resultados.

A S-Kull funciona como uma incubadora, aceleradora e *venture capital*. Tem como pilares desenvolver o espírito empreendedor dentro do grupo Flag, tentar transformar todos ali em líderes e atuar como um fundo, identificando empresas inovadoras de fora para aquisição e aceleração. Atua nas duas frentes, olhando para projetos pessoais de quem trabalha ali com potencial de se tornarem negócios e para o que está acontecendo no mercado.

Há outras, mas essas são algumas das empresas da Flag, ilustradas com uma bandeira, um guerreiro, que levam uma breve definição, além do nome escrito em japonês: Cubocc; Pong Dynasty; Iceland 2ND Nation; Doubleleft; S-Kull e The Kumite. Martini acredita que guerreiros e bandeiras ajudam a criar uma narrativa, a contar a história de cada empresa e facilita na hora de explicar o que são e o que fazem.

No final de 2013, juntou-se ao grupo o Clan, a unidade transformadora da Flag, que existe para inspirar, educar e capacitar as pessoas para serem agentes de mudança. É responsável por manter a energia alta, como diz Martini, e criar uma "cultura Flag", promovendo para isso momentos em que pessoas de diferentes áreas da empresa se conheçam e convivam. Um dos projetos do Clan é fazer curadoria de eventos e viagens que tragam conhecimento e inspiração. Se alguém da equipe Flag resolve ir a um evento ou fazer uma viagem sugerida pelo Clan, os dias não são descontados, ou seja, a Flag paga por essa experiência.

Clientes e pessoas de fora da Flag também podem ter acesso à curadoria do Clan, que está publicando um e-book com o processo utilizado no projeto Blending Sources, em conjunto com a Hyper Island da Suécia. Organizado em parceria com a Mesa & Cadeira, o workshop trata do uso criativo da tecnologia. Assim, as atividades do Clan estão abertas, não são restritas apenas a quem trabalha na Flag. No começo de 2014, o núcleo estava organizando uma viagem ao festival South by Southwest, o SXSW, obrigatório para quem busca novidades. O Clan também é o grupo responsável por toda a comunicação interna e externa da companhia.

HACKERS Toda a atmosfera em torno do CEO Roberto Martini parece ser criada para causar impacto. Há um clima de mistério, um universo meio fantástico e aparentemente pouco acessível. A primeira sensação pode levar a um lugar um tanto sombrio.

Martini — olhos verdes, cabeça raspada e pele bem clara — só se veste de preto. Quem chega ao escritório do grupo, no 16º andar de um prédio na avenida das Nações Unidas, em São Paulo, precisa passar por uma grande porta metálica que imita a de um cofre. Na sala de espera, um porco preto faz as vezes de mesinha de canto. O corredor que leva às salas tem pouca luz, apenas em duas faixas na parede.

A sala de reunião clara, com uma grande mesa branca e cadeiras de acrílico, contrasta com o caminho que leva até ela, assim como os ambientes onde trabalha boa parte da equipe, iluminados e com janelas. A decoração superestilosa é composta de grandes poltronas de estofamento pomposo, lustres imponentes, molduras vazias, esculturas de águia e cachorro, correntes e neons.

A sensação de estar diante de algo meio exótico pode ser a primeira que fica para quem está chegando ou é de fora do grupo, que às vezes lembra uma seita. Mas assim como algumas campanhas que deram destaque à agência Cubocc, a primeira empresa da holding, a estratégia parece ser a mesma: deixar tudo velado para despertar curiosidade e fazer com que as pessoas se interessem em entender melhor do que, afinal, se trata tudo aquilo. O ambiente misterioso funciona apenas como isca para revelar o projeto por trás do visual extravagante do escritório onde Martini recebe clientes e parceiros.

A Flag tem como objetivo construir uma holding do futuro, investindo principalmente em talentos e na capacidade empreendedora das pessoas, e acelerar um processo de mudança em um mundo comoditizado. Para isso, aposta na criatividade, em ações agressivas de empreendedorismo e na tecnologia como poderosa ferramenta de transformação. É composta de uma equipe jovem, talentosa, informal, que adora festas. Enquanto a maioria das companhias está cheia de regras, hierarquias e processos burocráticos que representam um entrave para a inovação e a criatividade de seus funcionários, a Flag vai pelo caminho oposto.

No site preto e branco da empresa, várias palavras piscando a cada segundo tentam contar um pouco sobre que caminho é esse. A crença é de que a falta de mudanças no mercado abre espaço para um modelo diferente de companhia, mais adaptado ao novo modelo econômico, que gera novos padrões e acrescenta um novo tipo de valor para seus clientes, inserido em um mundo menos competitivo e mais colaborativo, em que o individualismo dá lugar ao senso de comunidade. Esse modelo seria melhor, mais atraente e inteligente.

Não é à toa que duas das empresas fundadas por empreendedores criativos, Mesa & Cadeira e Mandalah, passaram a integrar a holding enquanto este livro estava sendo escrito. E não será surpresa que o mesmo aconteça com outras delas. Martini está reunindo pessoas que têm um propósito forte além do trabalho. Que não tratam apenas da oportunidade de negócio, mas sim do que quer fazer da vida. Essa lógica é diferente da lógica do mercado, em que o lucro vem em primeiro lugar ou o sucesso é mensurado por um cargo. Por isso, a intenção, no final das contas, é ir contra a corrente, driblar o sistema, transformar o jeito de fazer e inventar um novo.

Fazendo uma analogia, eles são um pouco como hackers, que alteram algo já estabelecido, que driblam o sistema para modificá-lo. Algumas definições do termo que aparecem na rede colaborativa Wikipedia se encaixam bem ao espírito dos empreendedores criativos. "Um hacker consegue obter soluções ou efeitos extraordinários que extrapolam os limites do funcionamento normal dos sistemas, como previstos por seus criadores [...]. Muitos deles são jovens e se dedicam à pesquisa e à experimentação [...]. Costumam compartilhar informações e colaboram em projetos comuns."

COMO VIROU REALIDADE

Para entender a Flag é preciso entender a história da Cubo e de seu idealizador. Roberto Martini começou como programador, atuou como diretor de arte, mas sua formação é em finanças. Filho de mãe programadora e hardcore gamer e de pai empreendedor, entrou na faculdade para cursar análise de sistemas e fazia estágio dando suporte de informática na Universidade Federal de Pelotas, cidade onde nasceu. Também passou pelo Conesul, um dos primeiros provedores de internet do país. Dava suporte técnico e cuidava da configuração dos servidores. Nas horas vagas, programava.

A internet comercial começava a existir. Como Martini possuía algum conhecimento em design, porque gostava e pesquisava sobre o assunto e entendia de tecnologia, era um profissional mais completo do que a média, em um mercado totalmente novo. Fazia alguns freelances para clientes, até que resolveu se juntar a dois amigos para montar seu primeiro negócio, a AG2, comprada recentemente pelo grupo Publicis. Assim como a Agência Click, a FBiz e a W3, é uma das agências grandes do mercado que começou como digital.

Quando a AG2 foi criada, Martini estava com dezoito anos. No começo, os três sócios precisavam de um lugar para trabalhar e trocaram metade da sociedade por um espaço físico em Porto Alegre. Não demorou muito para a agência começar a crescer e ganhar clientes, assim como novos sócios. Eram sete ao todo, mas alguns deles passaram de investidores a sócios operacionais. Segundo Martini, apesar da agência estar indo bem, trabalhando com grandes marcas e clientes, a chegada dos novos sócios o deixou em uma posição desconfortável, em que ele passou a ser considerado incompetente. Aos 21 anos, saiu da agência, sozinho e brigado com os outros donos — Martini era o mais novo deles. Na mesma época, teve uma filha.

Depois de ficar um ano praticamente parado, sem trabalhar, montou com outras três pessoas um projeto batizado de Rage (em inglês, fúria) — nada mais apropriado para o momento —, um braço digital da holding de Washington Olivetto, a Prax. Para Martini, esse foi seu ponto de virada. Era preciso uma equipe talentosa para montar o negócio, mas como o mercado de internet começava a se desenvolver, não havia gente especializada na área, e quem já tinha alguma experiência com digital estava empregado.

Para driblar a dificuldade, Martini convidou pessoas sem qualquer relação com o universo da internet, como artistas, poetas, quadrinistas... Acabou montando um grupo criativo diferente e multidisciplinar — e deu certo. Essa é até hoje a base do time com que trabalha, gente de diferentes áreas. Para ele, esse foi um momento importante, fundamental para resgatar a autoconfiança após a saída da AG2, que, segundo ele, foi "uma pancada".

Na segunda vez que resolveu sair de um negócio para começar outro, a decisão de ir embora estava ligada ao aspecto burocrático da empresa. Ele lembra que mesmo para marcar uma reunião era difícil. Para um jovem talentoso de 24 anos, cheio de vontade de fazer acontecer, esperar custava muito. Martini sabia que para montar um negócio seu, que conseguisse driblar a burocracia, em que pudesse fazer aquilo que acreditava, do jeito que acreditava, ele precisava estudar muito e ganhar mais experiência. Depois de ter desistido das faculdades de informática e publicidade, decidiu cursar gestão estratégica com ênfase em finanças.

A CUBOCC Nesse momento a agência Cubo começou a ser formatada. Martini ligou para dois amigos de Pelotas, que trabalharam com ele na AG2, para saber se não queriam embarcar em uma nova empreitada. Ele pretendia criar uma agência na área digital que fosse mais independente e menos burocrática, da qual tivesse o controle.

Os amigos aceitaram a proposta e foram de Pelotas para Porto Alegre, enquanto Martini saiu de Porto Alegre para São Paulo. Formada por Martini, um programador e um diretor de arte, nascia a Cubo, em 2004, com a ideia de ser o suporte para que as agências de publicidade pudessem desenvolver projetos mais inovadores, com foco na área digital. O primeiro endereço da agência foi em um flat na rua Gomes de Carvalho, no Itaim Bibi, antes de mudar-se para um loft na rua Fidêncio Ramos. O crescimento obrigou a agência a mudar de novo, dessa vez para um galpão mais espaçoso, no bairro Nova Independência, antes de ir para o escritório da avenida das Nações Unidas.

Martini lembra que muito se falava em comunicação integrada em que, para se comunicar com clientes e consumidores, as marcas devem abrir todos os canais, on e off-line. Para isso, é comum que agências recebam um orçamento para uma campanha e fragmentem esse valor em vários lugares diferentes, como produtoras e outras agências. A Cubo oferecia produzir todas as pontas de uma campanha no mesmo lugar. Com essa proposta, a agência começava a crescer, principalmente por sua capacidade criativa e de execução.

Para Martini, nem ele sabia direito o jogo que estava jogando. Mas como ele e sua equipe não vieram do mercado publicitário, acabaram oferecendo na Cubo uma metodologia e um processo de trabalho nos quais acreditavam ser o melhor. Na Cubo não havia divisão de atendimento, planejamento, criação e mídia, mas de pessoas que exerciam mais de uma função, com perfil tanto criativo, como de planejador.

Essas pessoas não são donas da ideia, mas líderes de um processo criativo, em que desenham equipes e organizam o trabalho para fazer o projeto acontecer. É comum que ao longo do processo o líder mude, ou ainda, que dois líderes conduzam o trabalho. Ter o próprio cliente no processo criativo também é comum na Cubo e, como durante muito tempo a internet não era uma área muito importante dentro das agências, os mais jovens eram colocados para trabalhar com digital. Várias das pessoas que se relacionaram com a Cubo como clientes hoje fazem parte de sua equipe. Martini não poupou esforços para contratar talentos.

Para cada novo projeto, a agência desenvolvia dentro de casa praticamente tudo o que precisava. Além da camada criativa, havia a de produção. Desde um filme para a TV até a música para um videoclipe, sonorização, desenvolvimento de um game. Para uma campanha da Draft para as balas Halls, eles criaram um carrinho de supermercado motorizado. Chamaram um especialista para desenvolver na Cubo o carrinho adaptado, desenhado pela equipe da agência. Mais tarde, cada núcleo desses, como o de produção de vídeo e outro de soluções tecnológicas, daria origem a novas empresas dentro da Flag.

Em 2009, após ganhar a conta da Unilever, a Cubo passou de quarenta para cerca de noventa colaboradores no final do mesmo ano. Foi para a Unilever que a agência desenhou um projeto ambicioso para a Closeup: produzir um *reality show*, com câmeras espalhadas na casa de doze pessoas, com todo o conteúdo transmitido ao vivo na web. O primeiro trabalho para a AXE, depois de a Cubo ganhar a concorrência pela conta digital da marca, teve como resultado o aumento de *market share* a partir de uma ação digital. O *teaser* de lançamento do produto rendeu cerca de 2 milhões de *views*, há seis anos, e a agência ganhou destaque na Unilever. Na sequência, vieram outros clientes como Rexona, Pepsico e Google.

Com o Google a Cubo pegou a campanha do Chrome, quando o navegador estava chegando ao Brasil e tinha participação pequena no mercado. Foram buscar nos números o caminho criativo para o projeto. Como o botão de download é a última instância de conversão na internet, apostaram as fichas aí, criando peças diferentes e originais. Depois a equipe foi buscar fora da web espaço para criar mais assunto sobre o produto. Algo raro, o Google foi para a TV, em comercial no horário nobre.

Mais tarde, a Cubo também começou a abrir novas frentes. Como Martini formou-se em finanças, passou a se interessar cada vez mais por números, a entender o negócio de seus clientes e a usar e desenvolver ferramentas tecnológicas para tirar um pouco da subjetividade na hora de avaliar resultados e medir, de forma concreta, o impacto de cada ação ou campanha que produzia para as empresas com quem trabalhava. Passou assim a prestar uma espécie de consultoria aos negócios dos clientes. Uma marca podia chegar até a Cubo com um briefing para a área de comunicação e a agência entregava a sugestão de um produto novo, por exemplo, que ajudaria a criar, desenvolver e executar.

Conhecido no mercado como um profissional com estratégias agressivas, Martini admite ser romântico quando o assunto é empreendedorismo e nada romântico quando lida com o mercado publicitário. Em 2010, ele vendeu 70% da Cubocc para um dos maiores grupos de publicidade do mundo, o Interpublic, composto de gigantes como McCann Worldgroup, Lowe and Partners, Draftfcb e RGA.

A entrada da Cubo na holding foi baseada na seguinte troca: de um lado, a Interpublic, que estava interessada em uma empresa percebida como inovadora, com uma proposta sedutora, que havia criado uma forma diferente de se relacionar e fazer negócio com os clientes e ainda poderia funcionar como um laboratório criativo dentro de um segmento que pede por mudanças. Do outro lado, Martini pretendia começar sua expansão global e precisava de um grupo do porte da Interpublic para ajudá-lo nesse processo.

Os outros dois sócios e amigos de Martini, fundadores da Cubo, venderam em 2004 toda sua parte na empresa e foram viajar. Mais tarde, um deles comprou um restaurante em sua cidade natal, Pelotas; o mais legal da cidade, garante Martini.

De olho em inovação, a Interpublic integrou Martini a um núcleo de desenho do futuro da empresa, para ajudar a pensar novos caminhos para o mercado.

Na Cubo, Martini tocou com Matheus todo o processo de integração com a Interpublic e as burocracias de fazer parte de uma holding de capital aberto. Hoje, quatro anos depois, diz que conseguiu autonomia, com a ajuda de Matheus, batendo metas, entregando relatórios e prestando contas, para poder trabalhar do jeito que sabe: fazendo aquilo em que acredita. O passo seguinte seria desenhar a Flag, já que, ao criar repertório, a Cubo já não era mais um negócio inovador e Martini queria inventar algo que as pessoas só fossem entender dali a alguns anos.

Os números e o tamanho da Flag estão em patamares bem diferentes dos negócios de outros empreendedores criativos que integram este livro. O faturamento gira em torno de 150 e 180 milhões de reais. Em 2013, a previsão de crescimento era de 49%, mas o grupo fechou em 51%.

Para 2014, existe a expectativa de que no primeiro semestre do ano já sejam mais de vinte empresas. As que nascem de departamentos internos, a partir de demandas e necessidades do mercado, não atendem apenas a Flag e seus parceiros. Elas passam a atender qualquer cliente. Só a holding tem hoje cerca de 350 funcionários, sem contar com empresas como a Mandalah, que já estão no mercado e foram adquiridas pelo grupo, mas mantêm total autonomia. Esse modelo também se aplica no caso da Mesa & Cadeira e da Movimento, agência do Rio.

O modelo de negócio com empresas externas varia de acordo com cada parceria. A sociedade pode ou não envolver dinheiro. Martini diz que prefere investir dinheiro estratégico, ou aquele que ajuda a suportar a operação e fazê-la deslanchar, do que simplesmente colocar recursos na mão do empreendedor. Na maioria dos casos, ele fica sócio dos parceiros.

Sobre a operação da Flag, que envolve altos custos fixos, Martini diz que o espaço e a estrutura podem ser usados por muitos dos empreendedores e suas empresas. Afirma que, para sustentar a máquina da Flag, não precisa cobrar mais caro dos clientes, e que preços altos não são uma reclamação. Mas quando pensa em precificar trabalhos, lembra que vende valor e não serviço. O mais importante em relação ao modelo de negócio, segundo Martini, é saber que ele pode simplesmente mudar.

ROBÔS, FERRAMENTAS TECNOLÓGICAS E ALGORITMO A Cubo ainda é a porta de entrada da Flag. Mas Martini acredita que o mercado de publicidade da forma como o conhecemos hoje vai deixar de existir, assim como as agências digitais, já que as marcas não vão mais precisar de intermediários para se comunicar diretamente com consumidores e clientes. Por isso, vinha encaminhando a Cubo para um formato de negócio mais amplo.

Essa visão sobre o mercado publicitário também gerou um investimento na automatização de processos que podem ser realizados por máquinas e robôs, para que as pessoas possam se dedicar ao que realmente agrega valor ou, como diz Martini, àquilo que faz sentido. A automatização de processos se dá em duas frentes: na de produção e distribuição de mídia e na de processos internos burocráticos. Quanto mais as pessoas tiverem tempo livre para pensar, inovar e criar, melhor. A filosofia que impera é a de aproximar a comunicação da ciência, aliando o uso de ferramentas tecnológicas, fórmulas matemáticas e algoritmos com a capacidade criativa e intuitiva.

A tese de mestrado que Martini ainda não concluiu na Berlin School of Creative Leadership tornou-se um projeto interno na Flag. Trata-se de uma fórmula matemática influenciada por um algoritmo que analisa a emoção das pessoas e consegue mostrar que tipo de mensagem traz a maior conversão em cliques na internet. A partir do momento em que você trabalha com esse pensamento no planejamento de um projeto, a chance de errar cai. Para Martini, o melhor resultado do algoritmo é provar, com uma fórmula matemática, que o que gera mais resultado em termos de conversão é felicidade, emoção, verdade e simplicidade.

UMA EQUIPE QUE NÃO TERCEIRIZA DIVERSÃO Para Martini, não é a atitude de uma empresa que faz as pessoas, mas sim as pessoas que fazem a atitude de uma empresa. Pensando nisso, ele diz que identifica no mercado os melhores talentos, mesmo que não tenha um cargo ou uma função para eles naquele momento, e traz para o grupo. O investimento maior é nos líderes de diferentes áreas, já que com lideranças admiradas ele acredita ser mais fácil atrair toda a base de uma equipe.

Martini conheceu Matheus, o cofundador da Flag, na época em que este trabalhava na Unilever e apostou na Cubo, uma nova agência, para realizar algumas ações para a AXE. Ele era um cliente que participava dos processos de criação colaborativos e acabou levando a conta da Unilever para lá. Segundo Matheus, a Cubo era "pau pra toda obra". Não demorou muito para ele passar a integrar a equipe de Martini, com a incumbência de fazer a Cubo deixar de ser uma produtora digital para ser uma agência de comunicação integrada digital. Hoje, é ele quem ajuda a transformar as ideias de Martini em realidade junto com Luisa, a esposa de Martini, que começou na Cubo em 2006.

Para manter o time integrado, há quinze mandamentos que devem fazer sentido para quem trabalha ali. Um framework de gestão ajuda a explicar como a companhia se organiza, por meio de uma pirâmide: para chegar ao topo, ou à missão, a sequência a partir da base é a seguinte: "desenvolver nossos talentos, envolver nossas ferramentas e sistemas, fazer nossos clientes crescerem e entregar lucro". Uma prática da empresa é a de incentivar cada um a encontrar um bom substituto para si mesmo. Ao encontrar, a pessoa está pronta para fazer alguma outra atividade pela qual se interesse. Isso também contribui na formação de líderes.

Toda sexta-feira acontecem as *follow Fridays*, evento que vem desde a época da Cubo, antes da criação da Flag. Elas começam com duas pessoas respondendo, em sete minutos, perguntas como: De onde você veio? O que faz aqui? O que mais curte e o que menos curte fazer na Flag? É nessa hora que todo mundo fica sabendo quem gosta de música, de games ou quadrinhos, para quando chegar um projeto saber quem deve ser envolvido no grupo de trabalho, por afinidade com o assunto abordado.

O grupo também criou uma metodologia na Cubo que continua sendo usada na Flag para facilitar o processo criativo, já que a parte mais difícil é estruturar e desenvolver a ideia, e não simplesmente ter uma. A metodologia é parecida com as chamadas *follow Fridays*. Consiste em fazer perguntas simples almejando obter respostas essenciais para organizar os pensamentos e ajudar quem está no processo a se sentir capaz de realizar a ideia. As perguntas são:

1. Qual o contexto?
2. Qual a ideia?
3. Como ela funciona?
4. Como ela é ativada?

É preciso colocar as respostas em um parágrafo, de forma sucinta e resumida, como um tuíte. A metodologia deu origem a um curso da escola de criatividade Perestroika, batizado de Missa.

Os processos criativos costumam ser colaborativos e servem para que as pessoas possam exercer atividades diferentes das suas funções. Se um filme de TV ou um vídeo do YouTube é gravado lá, quem quiser atacar de ator pode participar da brincadeira. Um diretor de arte pode ser chamado para desenhar um carrinho de supermercado motorizado, para ser usado em uma ação.

Se, na falta de espaço, o mercado corporativo costuma terceirizar a inovação, isso passa longe da filosofia da Flag. Mais longe ainda passa a possibilidade de perder a chance de vivenciar o lado saboroso de um trabalho, fazendo coisas inusitadas e diferentes. Para a equipe da Flag, é proibido terceirizar a diversão.

A companhia quer se envolver em mais projetos que façam sentido para quem trabalha na Flag, para a sociedade e para o mundo, na definição de Martini, como o realizado em 2013, o Color City, para deixar as cidades mais coloridas. Desenvolvida para o Google, a ação conectou artistas e grafiteiros a pessoas que gostariam de doar seus muros para que eles fossem pintados, por meio de uma página na web. São projetos de engajamento social, que apostam no poder de transformação da rede.

2014 é para a Flag um ano de consolidação do negócio e de amadurecimento do modelo desenhado por Martini. É também um ano de colocar em prática a expansão internacional, desejo que pesou na hora de fechar um acordo com a Interpublic. Para isso, algumas pessoas que hoje ocupam posições estratégicas na holding podem se movimentar para outros mercados.

Um deles deve ser Nova York, já que a Flag está comprando na cidade uma empresa formada por diretores transmídia, que transitam por vários canais e formatos de mídia, chamada Black Magic. O outro mercado conquistado recentemente pela Flag é o do Rio de Janeiro, com a agência Movimento e com outra agência criada exclusivamente para atender a Coca-Cola. Há ainda um escritório em Porto Alegre, com capacidade para receber mais cem pessoas.

Mesmo em São Paulo a Flag vai ganhar novos espaços físicos, com mais um andar do prédio onde está instalada. Outros núcleos dividirão um espaço localizado na rua Natingui, na Vila Madalena, com a Mandalah e a Mesa & Cadeira.

Um dos objetivos para 2014 é, inclusive, desenvolver trabalhos em parceria com ambas. Além de sócio, Martini é amigo de Lourenço Bustani, dono da consultoria de inovação consciente, e de Barbara Soalheiro, idealizadora da Mesa. Para ele, essa é a primeira geração de líderes que começa a se conectar de um jeito diferente, e isso já é o reflexo do movimento de cada um para transformar um mundo comoditizado — e ajudar a acelerar o processo de mudança.

Os 15 mandamentos da Flag

- Trabalhamos por paixão, mas precisamos de dinheiro para sustentar essa filosofia.
- Nossa cultura está enraizada em inovação, mudança, comprometimento e em ser disruptiva.
- Temos apenas uma regra para todos.
- Abraçamos diversidade, referências, backgrounds, estilos de vida. Sendo assim, respeitar o outro é obrigatório.
- Seja justo, simples, claro e correto. Sempre.
- Lidere pelo exemplo e não use seu cargo para que sua palavra faça sentido.
- Odiamos o advogado do diabo. Realmente odiamos.
- Se você não ama o que faz, este não é o lugar certo para você.
- Seu trabalho é liderar e não seguir. Não perca tempo olhando o que a concorrência está fazendo.
- Não perca seu tempo procurando uma pessoa para culpar. Isso faz você parecer covarde.
- Encontre um jeito de atrair os melhores talentos. Queremos dividir nossa vida com pessoas que admiramos.
- Celebre sempre. Você merece.
- Às vezes, nós perdemos. Isso não é um grande problema.
- Seja corajoso. O maior erro é não cometer um.
- Seja incrível todo santo dia. Essa é a nossa missão.

sxsw: parada obrigatória

Para quem está de olho em novidades, tendência, em encontrar grande concentração de gente criativa por metro quadrado e alguma diversão, o destino é sagrado. O South by Southwest, festival que acontece toda primavera em Austin, no Texas, virou parada obrigatória.

Conhecido como sxsw, o evento reúne três festivais em um só. O de música, por onde passam milhares de bandas novas e independentes, assim como artistas veteranos; o de cinema, que vem ganhando relevância; e o de interatividade, com uma série de palestrantes.

Além da programação oficial do festival, há inúmeras festas, shows em bares, parques e eventos paralelos, que mobilizam a cidade inteira, assim como a multidão que ela atrai de todos os lugares do mundo, no período em que o sxsw acontece.

Foi para lá que o Clan, responsável por manter o espírito criativo da equipe da Flag, organizou uma viagem para os funcionários.

A cabeça por trás da Flag

Nome Roberto Martini
Data de nascimento 18 de dezembro de 1979
Onde mora São Paulo, SP
De onde é Pelotas, RS
Família A mãe teve filhos muito nova, por isso não construiu uma carreira profissional. Mas era apaixonada por tecnologia, programação, eletrônica e games. O pai é empreendedor, comerciante de baterias para carro e sempre foi um bom esportista
Formação Formou-se em gestão estratégica de organizações com ênfase em finanças e fez dois cursos superiores não terminados: análise de sistemas, que desistiu no último ano, e publicidade, abandonado no primeiro. Estudou na Singularity University e em Stanford e tem um MBA em andamento na Berlin School of Creative Leadership
Outros trabalhos Foi fundador da AG2 Publicis, da Rage-Prax e da Santa Motion antes de criar a Cubocc
Outras atividades Investe parte do tempo na busca de conhecimento e atividades em torno de alguns assuntos, como arte, realidade virtual, *mind hacking*, inteligência artificial, evolução exponencial, games e outros. Joga basquete e anda de skate
Causa Acelerar a mudança

"Pílula inspiradora" para um empreendedor criativo
Passion beats data.

APRENDIZADOS COMPARTILHADOS

- Empresas inovadoras vendem mais que produtos ou serviços. Elas vendem ideias, conceitos e experiências que passam pela forma como seus idealizadores enxergam o mundo e a sociedade. Sua empresa deve estar associada, antes de mais nada, aos seus valores. Foque naquilo em que você acredita.

- É comum lidar com a desconfiança do mercado diante do desconhecido, do novo. Portanto, é preciso saber com clareza o que sua empresa faz. Pode não ser tão simples explicar quando não há outras referências sobre o que está sendo oferecido, já que o que está sendo oferecido é inédito, original. Elabore um projeto, faça e tenha o que mostrar; facilita.

- O produto ou o negócio do empreendedor criativo pode lidar com assuntos que não são inovadores, como conhecimento, política, educação. A diferença está na forma de fazer, na experiência que proporciona, na maneira como constrói relacionamentos ou reinventa um segmento.

- Não espere a grande sacada. Se tiver uma boa ideia, faça com que ela amadureça, ganhe forma e não perca o *timing* de transformá-la em realidade. É preciso poder errar, testar e estar disposto a experimentar formatos diferentes.

- Para não perder o foco do seu negócio, tão importante quanto acreditar na ideia é saber em quais momentos dizer não. Isso não significa ter uma postura engessada, inflexível, significa manter-se no caminho.

- Por mais brilhante que seja a sua ideia, ela só vai emplacar se houver demanda. Saber identificar o anseio, a necessidade das pessoas e como a empresa pode atuar, isso sim, é a grande sacada.

- Resista à tentação de aceitar um sócio por causa de investimento financeiro. Há várias maneiras de angariar recursos, como as plataformas de *crowdfunding* ou recorrer aos amigos e à família. No começo, não é fácil compartilhar conceitos e ideias inovadores com quem não está em plena sintonia com você.

- Comece com uma estrutura pequena, leve. Se precisar ter uma sede, escolha uma que caiba no seu bolso. Se não precisar, melhor. Faça parcerias nos lugares onde a empresa precisa estar. Tenha poucos colaboradores e não assuma muitos compromissos financeiros. O risco é menor.

- Para ser um empreendedor criativo é preciso ter algum "rock 'n' roll". Ou seja, nenhuma dessas dicas vai ser útil se você não tiver um pouco de ousadia, coragem de arriscar e acreditar que pode fazer acontecer (ainda que ninguém mais acredite).

LINKS DE REFERÊNCIA

INESPLORATO [PP. 12-33]

Site da Inesplorato: http://www.inesplorato.com.br

Para saber mais sobre os curadores de conhecimento, acesse: http://vimeo.com/71098150

Para ver a entrevista de Zigmunt Bauman ao Fronteiras do Pensamento, acesse: http://www.youtube.com/watch?v=POZcBNo-D4A

Para ver a primeira propaganda da Melitta que teve repercussão nas redes sociais, acesse: http://www.youtube.com/watch?v=ebKu2Bx_2Es

PERESTROIKA [PP. 34-53]

Site da Perestroika: http://perestroika.com.br/2014/

Para ver a convocação para o primeiro curso da Perestroika, acesse: http://www.youtube.com/watch?v=LETq7Hldmis

Para saber mais sobre a economia da experiência, acesse: http://www.ted.com/talks/lang/pt-br/joseph_pine_on_what_consumers_want.html

Para ver o vídeo sobre o abraço como tecnologia, idealizado por Tiago Mattos, acesse: http://www.youtube.com/watch?v=OB4U6ux-eUY&feature=player_embedded

Para saber mais sobre a Singularity University, acesse: http://singularityu.org

Para saber mais sobre a escola de criatividade, acesse: http://vimeo.com/94238665

MESA & CADEIRA [PP. 54-71]
Site da Mesa & Cadeira: http://www.mesaecadeira.org

Para um perfil de Andy Cameron, primeiro líder da Mesa, acesse: http://www.creativereview.co.uk/cr-blog/2012/may/andy-cameron

Para saber mais sobre a Fabrica, o Centro de Comunicação da Benetton, acesse: http://www.fabrica.it/about

Sobre a revista *Colors*, acesse: http://www.colorsmagazine.com

Para conhecer mais sobre a plataforma colaborativa da GOOD, acesse: http://www.good.is/

CATARSE [PP. 72-91]
Site do Catarse: http://catarse.me

Kickstarter, de onde veio a inspiração: http://www.kickstarter.com

Para saber mais sobre a evolução do código do Catarse, divulgada pela empresa, acesse: http://vimeo.com/57631568#

Para saber mais sobre um dos primeiros projetos do Catarse, chamado "Cidades para pessoas", acesse: http://www.cidadesparapessoas.com

WEBCITIZEN [PP. 92-111]
Site da Webcitizen: http://www.webcitizen.com.br

Para saber mais sobre o Votenaweb, acesse: http://www.votenaweb.com.br

Para saber mais sobre a Newsmonitor, acesse: http://www.newsmonitor.com.br

Para saber mais sobre o fundo Black-Key, acesse: http://www.black-key.com

MANDALAH [PP. 112-33]
Site da Mandalah: http://www.mandalah.com

Para ver a cena de William Wallace em *Coração valente*, acesse: http://www.youtube.com/watch?v=ieoozdbMrgE

Para ouvir o Gayatri Mantra, acesse: http://www.youtube.com/watch?v=CHpA6qotiwg

Conheça o portal de notícias As Boas Novas: http://asboasnovas.com

CRIA [PP. 134-49]
Site da Cria: http://criaglobal.com

"Outra parada": http://vimeo.com/49394706#

Sobre a United World Colors, acesse: http://www.uwcmahindracollege.org

BOX 1824 [PP. 150-69]
Site da Box: http://www.box1824.com.br

Para ver o vídeo *We All Want To Be Young*, acesse: http://vimeo.com/16641689

Para saber mais sobre o estudo "O sonho brasileiro", acesse: http://www.osonhobrasileiro.com.br

Acesse o site do Ponto Eletrônico: http://pontoeletronico.me

FLAG [PP. 170-89]
Site da Flag: http://flag.cx

Confira o site do festival SXSW: http://sxsw.com

Saiba mais sobre o Projeto Color City, idealizado pela Flag para o Google: http://www.colorpluscity.com

A PORTFOLIO-PENGUIN É UMA DIVISÃO DA EDITORA SCHWARCZ S.A.

GRAFIA ATUALIZADA SEGUNDO O ACORDO ORTOGRÁFICO DA LÍNGUA PORTUGUESA DE 1990, QUE ENTROU EM VIGOR NO BRASIL EM 2009.

CAPA E PROJETO GRÁFICO MATEUS VALADARES
PREPARAÇÃO JULIANA MOREIRA
REVISÃO ANGELA DAS NEVES, MARISE REAL, MARINA NOGUEIRA

DADOS INTERNACIONAIS DE CATALOGAÇÃO NA PUBLICAÇÃO (CIP)
(CÂMARA BRASILEIRA DO LIVRO, SP, BRASIL)

CASTRO, MARIANA
EMPREENDEDORISMO CRIATIVO : COMO A NOVA GERAÇÃO DE EMPREENDEDORES BRASILEIROS ESTÁ REVOLUCIONANDO A FORMA DE PENSAR CONHECIMENTO, CRIATIVIDADE E INOVAÇÃO / MARIANA CASTRO. — 1ª ED. — SÃO PAULO : PORTFOLIO-PENGUIN, 2014.

ISBN 978-85-63560-86-5

1. ADMINISTRAÇÃO DE EMPRESAS 2. CONHECIMENTO 3. CRIATIVIDADE EM NEGÓCIOS 4. EMPREENDEDORISMO 5. INOVAÇÃO 6. SUCESSO EM NEGÓCIOS I. TÍTULO.

14-03573 CDD-658.4063

ÍNDICE PARA CATÁLOGO SISTEMÁTICO:
1. EMPREENDEDORES : CRIATIVIDADE : ADMINISTRAÇÃO DE EMPRESAS 658.4063

TODOS OS DIREITOS DESTA EDIÇÃO RESERVADOS À
EDITORA SCHWARCZ S.A.
RUA BANDEIRA PAULISTA, 702, CJ. 32
04532-002 — SÃO PAULO — SP
TELEFONE: (11) 3707-3500
WWW.PORTFOLIO-PENGUIN.COM.BR
ATENDIMENTOAOLEITOR@PORTFOLIO-PENGUIN.COM.BR

TIPOGRAFIA MILLER E FAKT
PAPEL OFFSET
GRÁFICA UM LIVRO, A PARTIR DE 2025

FSC
www.fsc.org
MISTO
Apoiando o manejo florestal responsável
FSC® C128038

A MARCA FSC® É A GARANTIA DE QUE A MADEIRA UTILIZADA NA FABRICAÇÃO DO PAPEL DESTE LIVRO PROVÉM DE FLORESTAS QUE FORAM GERENCIADAS DE MANEIRA AMBIENTALMENTE CORRETA, SOCIALMENTE JUSTA E ECONOMICAMENTE VIÁVEL, ALÉM DE OUTRAS FONTES DE ORIGEM CONTROLADA.